明桥大二 快乐 家庭育儿

[日]明桥大二 育儿专家 儿童心理专家 　[日]吉崎达郎 合著 小儿科医师 妇产科医师 　[日]太田知子 绘 妈妈插画家 　邢行丽 译

隔代教出好孩子

人民东方出版传媒
People's Oriental Publishing & Media

东方出版社
The Oriental Press

图书在版编目（CIP）数据

隔代教出好孩子 /（日）明桥大二,（日）吉崎达郎
著;（日）太田知子绘; 邢行丽译. — 北京: 东方出
版社, 2018.8
（明桥大二快乐家庭育儿）
ISBN 978-7-5060-9413-9

Ⅰ.①隔… Ⅱ.①明… ②吉… ③太… ④邢… Ⅲ.①家庭教育
Ⅳ.① G78

中国版本图书馆 CIP 数据核字 (2016) 第 315177 号

Kosodate Happy Advice Yokoso Hatsumago no Maki
by Daiji Akehashi & Tatsuro Yoshizaki
Copyright © Daiji Akehashi & Tatsuro Yoshizaki 2012
All rights reserved
Simplified Chinese translation copyright © ICHIMANNENDO PUBLISHING. 2012
Published by Oriental Press.2016

First original Japanese edition published by ICHIMANNENDO PUBLISHING. 2012,
Simplified Chinese translation rights arranged with ICHIMANNENDO PUBLISHING
through BEIJING HANHE CULTURE COMMUNICATIONS CO., LTD.

本书中文简体字版权由汉和国际（香港）有限公司代理
中文简体字版专有权属东方出版社
著作权合同登记号 图字:01-2016-8320

明桥大二快乐家庭育儿：隔代教出好孩子
（MINGQIAODA' ER KUAILE JIATING YU' ER : GEDAI JIAOCHU HAOHAIZI）

作　　者：[日]明桥大二、吉崎达郎
绘　　者：[日]太田知子
译　　者：邢行丽
产品经理：张　旭　边梦飞
责任编辑：王莉莉
出　　版：东方出版社
发　　行：人民东方出版传媒有限公司
地　　址：北京市东城区东四十条 113 号
邮政编码：100007
印　　刷：小森印刷（北京）有限公司
版　　次：2018 年 8 月第 1 版
印　　次：2018 年 8 月第 1 次印刷
印　　数：1—10000
开　　本：880×1230 毫米　1/32
印　　张：5.75
字　　数：58 千字
书　　号：ISBN 978-7-5060-9413-9
定　　价：39.80 元
发行电话：（010）85924663　85924644　85924641

自　序

前些天，电视节目上报道了"育爷"。

"育爷"是指那些不仅带自己的孙子，同时也积极支持地区育儿活动的爷爷们。这个称呼由非营利法人组织"日本乐为人父"的创办人安藤哲也命名。

"祖父资格认定"是一家叫"平等大手前"的非营利组织为祖父们举办的讲座。该讲座的目的是帮助祖父教育孙子。当祖父学习了抱孩子、哄孩子睡觉等实用技巧与相关的全部课程后，就能得到"祖父资格认定"。

带孙辈这件事，无论如何总是会给有育儿经验的祖母带来更大的负担。所以为了缓解祖母的育儿压力，"祖父资格认定"便是帮助提高祖父带孩子能力的讲座。

一直以来，时常有读者对我提出要求——"下次希望你为祖父母们写本书"，现在感觉时机终于成熟了。

　　在写这本书时，我事前进行了一项调查。调查中有一个问题——"妈妈最希望孩子的祖父母做的事，觉得祖父母最帮得上忙的事"，回答得最多的是："忙碌与疲惫的时候，老人们能够帮忙照看孩子"。

　　另外，也有很多其他的回答，比如，"婴儿时期，祖父母能够十分疼爱、照顾孩子""经常笑容满面""给孩子足够的空间，让孩子能够轻松自在地玩"等。其实这些都不是什么特别的事情，但正是孩子的祖父母做的这些小事，能够慰藉妈妈带孩子的疲惫，让孩子的妈妈重新充满活力。

　　受家庭小型化的影响，孩子的妈妈每天不得不从早到晚独自面对着无法交谈的婴孩，现在我们就处在这样"孤独育儿"的时代。好不容易等到丈夫回家，以为终于有个人可以一起分担了，但也只是短暂的瞬间，马上又被堆积如山的家务和半夜嚎啕大哭的孩子折腾得连觉都睡不够。

即使是暂时的也好，帮着承担育儿压力的祖父母们，正是有了他们的存在，才支撑起妈妈们疲惫的内心。他们的存在，在当今社会将会变得越来越重要。

话虽如此，时代已经发生了很大的变化，育儿环境也已经今非昔比。祖父母本想好心帮忙带孙子孙女，却被孩子的父母抱怨"如今已经不兴这一套了"，祖父母因此迷惑而又无可奈何的时候也不少吧。实际上，曾经笃定的育儿常识在这二、三十年间确实发生了很大的变化。

因此，这本书就以过去到现在这几十年发生了很大变化的育儿知识为中心，同时总结了祖父母在带孙子孙女时务必要了解的知识。在孩子身体发育与疾病照料方面，小儿科医生吉崎达郎给予了我很大的帮助。

即将迎来第一个孙子或孙女的祖父母，以及已经有了孙子、孙女，至今仍拖着疲惫的身体尽力照顾孩子的祖父母，我由衷地支持你们，并怀着感谢的心情献上此书。

明桥大二

育儿新常识
小儿科医生　Dr. 吉崎达郎

哇！

1

祖父母才可以做到的事
——祖孙相伴的几大好处

在有关孩子成长与心理康复的作品中，爷爷、奶奶的角色经常出现。

例如在《生日快乐》（青木和雄著）这本书中，描绘了少女被母亲的言语伤害而失声，继而在祖父母温暖的鼓励中逐渐恢复的过程。在《西方魔女之死》（梨木香步著）这本小说中，描写了因遭受校园暴力而不上学的女孩子在与祖母一起生活时，学习到了真正重要的智慧，并恢复了活力。

在我所接触的孩子中，因为祖父母去世而状态不佳的亦不在少数。

只有祖父母那里才是自己的容身之所、只有祖父母才能温柔地接纳自己，失去祖父母的支持后，内心的平衡便崩塌了。对于很多孩子来说，祖父母就是如此重要的存在。

为什么祖父母能够发挥如此重要的作用呢？

我想有以下几个理由。

♣ "最喜欢祖父母"的理由

① 拥有悠然的时光——能够跟孙子、孙女交流心声，互相支持

虽说育儿不在于时间长短，而是重在质量。但是面对着好像一直处于忙碌状态的父母，孩子们总觉得无法安然地吐露心声。

父母总说："好，现在给你10分钟，说说你的烦恼吧！"可孩子们的重要的话是无法在这种情况下说出口的。

一起吃饭购物，并排走在回家的路上，帮忙做家务，在一起生活的时候，在某个时刻，"其实……"心底的话便不经意地说出了口。我觉得倾诉就是这样的。所以说，真正的交流还是需要花费一些时间来准备与铺垫的。

对于退出职场第一线的祖父母们来说，他们有充裕的时间。不仅如此，这一点与孩子们的生活节奏有相通之处。

不受截止日期与约定时间的约束，共同度过悠然的时光。在这个过程中，祖父母与孩子便自然而然地理解了彼此的心情，从而能够相互支持。

彼此理解的过程中，时间便悄悄流逝了。

5

没有带孩子的责任，这一点经常被用作一些负面的意思。例如祖父母没有带孩子的责任就会给孩子太多玩具、甜食等。

但是我认为这一点并不尽是坏事。

不知不觉中就责骂了孩子，这是出自于父母认为自己要好好教育孩子的责任心。

父母经常被这种压力所迫，所以当孩子乖巧时便打钩，不乖时便打叉，然后就开始责骂孩子了。

可是没有育儿责任的话，就没有必要连孩子的一举手一投足都看管着——孩子的祖父母能够宽容地接受孩子，正是因为这个原因吧？

● 因为内心宽容，所以能够包容孩子。

　　并且，"接受孩子的天性"是培养孩子自我肯定感（觉得"自己是很重要的，自己活着是有价值的"的这样一种感受）最关键的一环。

　　没有育儿的责任（至少是首要的责任），这一点能够成为祖父母与孩子相处的很大优势。

③让孩子了解不同的价值观
——在孩子成长的过程中接触不同的价值观是十分重要的

在教育孩子方面，我认为祖父母应该基本尊重孩子父母的价值观。全部反对孩子父母的育儿方针的话，孩子就会变得不知道相信谁才好了。

可是话说回来，那些为人父母者，他们也不过是最近才成为大人的啊。他们也会有不明白的地方，也会有判断错误的时候。

这些时候，祖父母从自己丰富的人生经历中，悄悄地传递给孩子不一样的价值观——"还可以有其他看法哦"，这样，孩子说不定会发现崭新的世界。

虽然孩子被父母和老师那套整齐划一的标准给否定了，但祖父母告诉孩子"还有不一样的标准呢"，可以让孩子重新发现自己存在的价值。

我觉得，孩子在成长的过程中接触各种不同的价值观是十分必要的。

让孩子从多种视角重新发现自己的存在价值。

为了成为社会的栋梁，首先得踏踏实实地学习！

又是这么差的成绩……进了好大学以后才会幸福，所以要好好努力！

太郎，这个世界，学习并不是全部哦。

爷爷小时候都在帮家里干活，没怎么念书，但是一样交到了好朋友……

一样地交到了好朋友，组建了美满的家庭，人生也十分幸福哦！

在地域影响日渐减弱的今天，能够把不同于父母及学校的价值观传递给孩子的人，可以说只有祖父母了。

2

教育孙子、孙女的要点

♣ 怎样做才能与儿子儿媳、女儿女婿和谐相处呢？

接下来，我想谈谈祖父母在育儿方面的几个要点。

① 对于孩子父母的育儿方针，祖父母首先需要抱以认同的态度

育儿，首先应该是父母要做的事。因此，祖父母尊重孩子父母的育儿方针是很重要的。

例如，孩子父母决意不给孩子买的东西，即使孙子孙女撒娇央求，祖父母也不能买给他们。

✕ 明明是孩子的父母禁止的事，祖父母想看孩子露出笑脸却又答应孩子了。

对于孩子父母的育儿方式，首先抱以认同的态度。

育儿是孩子爸妈的事。

我顶多就是起辅助作用的。

我讨厌这个！

乖，就吃一口，吃吃看嘛！

媳妇有自己的做法。

咪咪咪，给我咪咪嘛！

哇哇大哭

现在不能给你买。

这是媳妇的想法嘛。

婆婆，我想跟您商量下孩子的事情……

好啊，怎么啦？

祖父母可以帮助做很多事情，比如接送孩子去幼儿园和培训班；在孩子的妈妈为带孩子和做家务忙得不可开交时帮帮忙；孩子的父母出门时把孩子接来照顾等，这些对于孩子的父母来说都是很大的帮助，双方的关系也能变得更加融洽。

14

○『我也想尽点力量』，怀抱这样的体贴之心，孩子的爸妈自然会心生感谢。

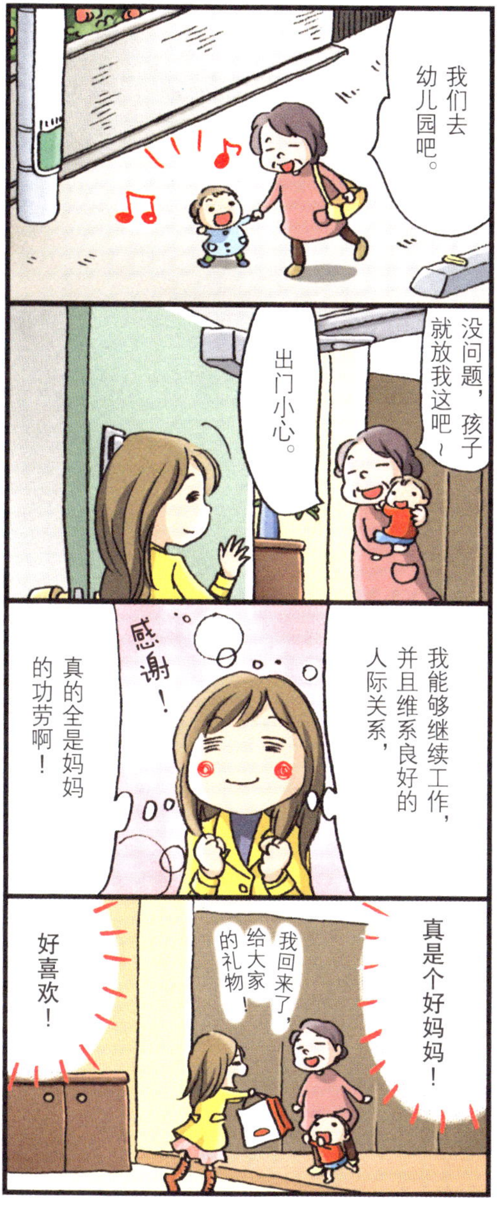

③别否定孩子妈妈的育儿方式，要赞扬

表扬孩子爸妈，特别是孩子妈妈的育儿方式。

祖父母作为有育儿经验的过来人，对孩子父母的育儿方式，也许经常会有想指正的冲动。可是，出于好心的一句建议也许会导致儿媳关闭了心门，之后与儿子的对话亦变得困难。"别插嘴我老婆带孩子的方式"，如果再被儿子如此制止，祖父母就会受到双重的打击。这类矛盾的发生是很频繁的。

为什么这么说呢？因为对于孩子妈妈来说，初次育儿会带来不安与不自信，这时候周围有人说："试试这样如何呢？"妈妈就会敏感地认为自己的育儿方式被否定了。

现在大多数的母亲在生育孩子之前都没有接触过婴儿。而同时，这种时代背景给妈妈们带来的育儿不安较之以前是大大地增加了。

孩子妈妈此时首要的是得到周围的认可与表扬，带着安全感，保持作为母亲的自信。

不仅仅是孩子，自我肯定感对于孩子妈妈也是十分必要的。只有对自己的育儿方式抱有信心，才会接受他人的建议。

有时，祖父母需要这样劝儿子——"不好好珍惜你媳妇可不行哦"。即使儿媳犯了错，也不偏袒儿子，不说儿媳的坏话。

即使是自己初为人母时也一样，不经意间很容易说："这样做如何呢？""这样不行吗？"但正是这种时候，才更需要得到父母的认可，不是吗？

孩子妈妈得到祖父母的支持，怀着信心的话更能养育健康的孩子。

从这个角度看，祖父母的支持比任何育儿专家的鼓励都更加重要、有效。

18

○ 最重要的是让孩子的妈妈有信心。

把孩子教得真好啊！

你的育儿方法真好呢。

哪里哪里，没有这回事。

我很佩服你呢。

明明工作这么忙，还这么努力地带孩子，真厉害啊。

哈哈，谢谢夸奖。

你也是，不好好疼老婆可不行哦。

啪！

知道了。

妈妈觉得好幸福！

妈妈得到精神上的支持，内心更加安定的话，肯定能让孩子健康成长。

19

3

直面代沟及价值观差异

《最后的武士》这部电影曾颇受热议。

渡边谦扮演的"胜元"这个角色，震撼了日本人的灵魂。这不仅仅是部电影，更衍生出号召"重回日本人之大和魂、武士道"的社会现象。

而我在看这部电影时，曾被一个场景吸引。那并不是战斗时的场景，而是描写与剧情毫无关系的家庭状况时的情形。

汤姆·克鲁斯扮演的艾尔格兰住进胜元的家，并且逐渐习惯了日本人的生活。有一天，小雪扮演的名叫 Taka 的女性角色拿着很重的行李进门时，艾尔格兰立马过去帮忙。然而，Taka 说："日本的男性不会这样的"，便拒绝了他的帮忙，自己将行李拿了进去。

在日本社会与西欧社会之间，这种男女之间、夫妇二人之间分工的差异，确实是存在的。

♣ 不同年代的人思维方式当然也不同

日本动漫《海螺小姐》里，海螺小姐在鳟夫出门上班的时候，会帮他将领带系好。（男性的待遇都这么好……不过我可没有享受过这样的待遇，倒是有过从后面被勒住脖子的经历……）

欧美电影中，夫妻在回家后，丈夫帮妻子把外套脱下，然后挂起来。（这真是体贴啊。但是我怎么也做不来。大家的情况如何呢？）

在西欧，乘车的时候会让女性先上车。可是在日本，女性只有在男性上车后才会卑躬屈膝地上车。

从这些情况就可以看出，西欧的骑士精神崇尚女性优先，重视女性；而日本的武士道是男尊女卑，经常有人责难女性，认为女性是侍奉男性的存在，地位卑微。

然而在《最后的武士》里所描述的武士精神大都来源于新渡户稻造的《武士道》一书中，有如下叙述反驳这种意见："女性的地位在战场上确实不高，但是在家庭中，特别是作为母亲，受到很高的尊敬。"

事实是，在家庭中，对孩子来说，母亲的权威是绝对的。所以，即使孩子长大后，母亲对于孩子来说依然是十分重要的存在。

在这里我并不是要讨论日本与西欧哪个更好，因为我认为各有所长，也各有所短。

只是有一点，毋庸置疑的是，当今日本如此迥异的思维方式存在于同一个家庭里，一起生活，便会有产生混乱的时候。

对于我们这些五十多岁的人来说，对类似于胜元的这种家庭关系是十分熟悉，而且认为是理所当然的。但是，那些二、三十岁的人的看法又是如何呢？有些人尽管年轻，想法却很传统，另一方面，也有些人满心怀疑——"真的存在过那样的家庭吗？"

若是在以前，就都是照搬上一辈的做法，那样的话，不管怎样都过得去。过去就是那样一个时代。但是今天，如果做法还跟上一辈一样的话，就会被认为是跟不上时代，说不定还会被他人嘲笑。

在如今这个时代，新的价值观奔涌而来的同时，老一辈的思想依然有其影响力，完全不同的价值观共存于同一个家庭中。

♣ 干脆就当是和外国人住在一起吧！

祖父母与孩子的父母，或父母与孩子之间发生矛盾的时候，干脆就当自己是跟外国人住在一起吧。

这并不是谁对谁错的问题，各种意见有各自产生的缘由与经过。

即使是同时代的人，男性与女性间都会有完全不同的看法。遵从武士道精神而对母亲唯命是从的男性也许会被现代女性看作"妈妈控"。但是在以前，儿子如此对待母亲是一种极其常见的态度。

如今新旧价值观在家庭内共存的现象，在人类历史上恐怕是前所未有的。但是只要一起生活，需要最低限度的共同规则来遵守是必然的。所以，为了和谐地共存下去，我们不得不互相沟通，正视差异的存在，能忍让的地方尽量互相忍让。

《最后的武士》中所描述的异文化交流主题，也许意外地在这种地方也能体现出来。

我年轻那时候，婆婆才不会征求儿媳妇的意见！

婆婆，时代不一样了，现在都是这样了。

我小时候，孩子都是乖乖听大人的话！

我也有话想说啊。

时代变迁了，想法不同是很自然的。

× 如果认为只有自己的价值观才是正确的……

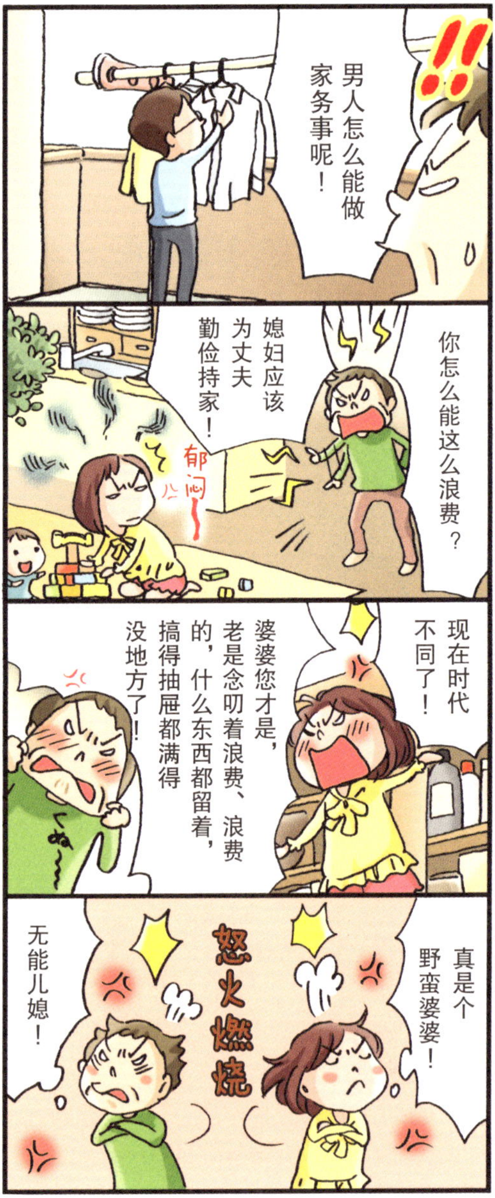

○ 先从接受双方不同的想法开始。

你在熨衣服？

吱

嗯，这没关系啊。我们家我和媳妇都要上班嘛。

自己的事情自己做。

时代不同了呢……

啊，破了的袜子，准备扔呢！

虽然袜子很便宜，但是补补还能穿嘛，别浪费啊。

这种想法也挺环保呢。

好了，补好了！

为了生活得融洽，认同异文化是很重要的。

4

比教养、学习更重要的是自我肯定感

♣ 孩子出现令人担忧的行为，真的是因为管教得不好吗？

孩子心灵成长最重要的基础是什么？以前，人们一直认为是"教养"。所以，孩子误入歧途，或闹出问题的话，就会被说成是"那肯定是因为父母的教养太差"。

但是近些年，人们逐渐认为，管教没有"自我肯定感"做基础是不行的。"自我肯定感"是孩子心灵成长最重要的基础。

所谓"自我肯定感"，也可以说成是正面的自我评价、自尊心，孩子认为"自己有生存的价值""我是重要的""我被珍惜着"这样的感情。

这种情感的根基大致在 0 ～ 3 岁期间形成。来自父母的拥抱、给孩子喂奶，或者帮孩子清洁、换尿布等，孩子受到这样的各种照料，才会萌生出"我是很重要的人呢""被生下来真好啊"的心理。

这种基础性的情感生成后，教养与生活习惯就会逐渐地养成了。这个过程在 3 ～ 6 岁。早上起床、晚上睡觉、上厕所、穿衣服、区别自己与他人、遵守秩序等等，孩子在这个阶段都会习得这些常识。

"自我肯定感"形成后，才能开始学习知识。这大概是在孩子6岁的时候。所以，孩子满6岁才能开始上小学，从这一点看来是十分合理的。

要让孩子学会礼貌与教养，养成学习的意识，好好地培养孩子的自我肯定感是前提。

♣ 积极向上的孩子与不积极的孩子的差异

事实上，没有足够的自我肯定感的孩子，不容易掌握教养与学习的常识。"反正自己不管怎么做也是个没用的人"，孩子一味如此评价自己的话，便往往无法积极地投入学习中。

另外，教养与规则的核心在于"体谅他人之心"，无法珍惜自己的孩子是无法真正地体谅他人的。为什么这么说呢？那些孩子们会这么想："要尊重他人，这我明白。可是，谁来尊重我呢？谁会守护在我身边呢？谁都不会的吧。那为什么只叫我去尊重他人呢。"没有自我肯定感的孩子很难理解为什么要去体谅他人。人只有真实地感受到自己也是被关爱的，才会去关爱他人。

教养很重要，学习也很重要，可是最重要的是培养孩子的自我肯定感。

如果不明白"自我肯定感"的意义，就绝对不会明白我接下来要讲的教育与育儿。

○ 只有自己受到了重视，才会重视他人。

自己很重要！
他人也很重要！

活力十足！

学习	） 6 岁～
教养	） 3～6 岁
自我肯定感	） 0～3 岁

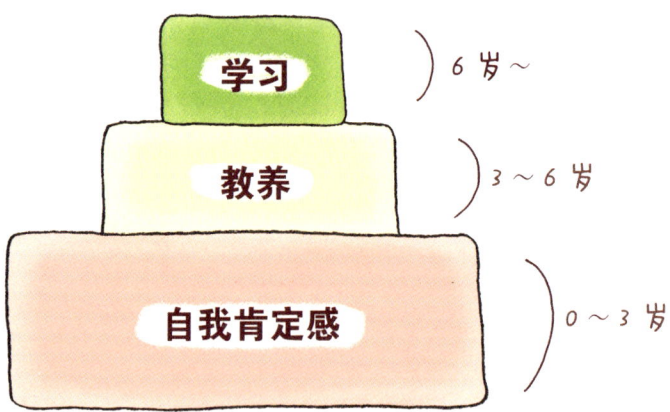

心理基础打好了，
孩子才会有教养，努力学习。

无法重视自己的话，
也无法重视他人。

反正自己
也不重要……

学习

教养

自我肯定感

自我肯定感不够，
就对什么事都没有热情。

5

为了孙辈的快乐成长②

"抱抱孩子，就是现在！"
不必在意孩子会养成
撒娇要抱抱的习惯

♣ "孩子老是要抱抱是不好的习惯"这种说法的理由

认为"孩子老是要抱抱是不好的习惯"的观点，在昭和三十年代的日本很是流行。"孩子老是要抱抱"为什么不行呢？婴儿一哭就抱的话，就会养成要抱的习惯，孩子一要抱就经常哭，这会给家长带来不必要的麻烦。另外，还有理由说放任孩子大哭能增强心肺功能。

当时的畅销育儿书《斯波克育儿经》（美国本杰明·斯波克著）很大程度上助长了这种观念的普及与流行。

这本育儿书被认为是"以大人为中心的育儿法"，按大人的方便来进行育儿。所以，哺乳也要严格按时间来，即使孩子哭闹也决不给孩子吃奶，如果没到哺乳时间就让孩子忍着。

前些日子，我从患者那里听到过这样的话："我出生时，妈妈身体状态不佳，就把我托付给医院的护士长。几个星期后，妈妈的身体恢复了，来接我时，护士长好像说过，'我把他老是要抱抱的毛病改正过来了'。"

可见这种观念的影响是如此之大，甚至现在仍然有不少人认为"孩子老是抱抱是个坏毛病"。

♣ 亲肤育儿法有利于孩子的心灵成长

不过那以后，随着人们对婴幼儿内心世界理解的深入，不论是在日本还是其他国家，人们不再担心孩子要抱抱是个坏习惯，相反，应该多抱抱孩子这种想法成了主流。

孩子得到拥抱后，就会认为自己是被疼爱的，继而就会感觉到自己是被重视且有存在的价值。

对于孩子的内心成长来说，最重要的是培养孩子的自我肯定感。可是若任由孩子哭闹也不给孩子抱抱的话，孩子就会认为自己是不重要的。也许实际上真的只是因为父母太忙了，但是孩子不会理解。有的孩子会这样想：没有人抱自己、疼爱自己就是因为自己连被抱抱的价值都没有。

当然会有无论如何都没办法抱孩子的情况，即使有个一两回不抱孩子，孩子也不会马上就降低自我肯定感。但是如果一味地相信"不抱孩子对孩子更好"，而故意一直不抱孩子的话，多多少少会对孩子的心理成长不利。

另外，关于哺乳，现在基本上也是推荐按孩子的需要进行，而不再拘泥于时间。

得到很多抱抱的宝宝

乖乖！

怎么啦？

我是被珍惜的，我是有价值的。

不管怎么哭，也不给抱抱的宝宝

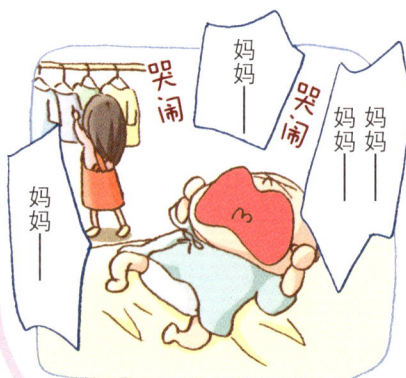

妈妈——

哭闹——

妈妈——

妈妈——

哭闹——

妈妈——

妈妈不抱我是因为我没有被拥抱的价值吧⋯⋯

日本传统的育儿法成为世界标准的过程

二战后，日本逐渐复兴，生活也终于走向安定。人们的目光逐渐转移到一直以来没有多余精力关注的育儿方面。

在如此社会背景下的 20 世纪 60 年代，指导当时家长们育儿方向的是这样两本育儿书。

其中一本是京都小儿科医生松田道雄写的《我是婴儿》，另一本是《斯波克育儿经》。

这两本书在同一时期出版，但是内容却是完全相反。《我是婴儿》这本书正如书名本身表明的那样，从孩子的立场出发，将孩子的心理放在第一位。而与此相对，《斯波克育儿经》一书则是主张所谓的"别让孩子养成要抱抱的习惯""规定每三小时进行一次哺乳"等观念，贯穿着以大人为主体的原则。

《斯波克育儿经》在世界的销量为5000万册，在日本也曾掀起风潮，但是这种以大人为中心的育儿法在后来遭到各种批判。

斯波克风格的育儿法席卷日本时，一本引起人们反思的书出版了。

那就是出版于1984年，平井信义写的《妈妈是孩子心灵的基地》。我知道这本书是因为它是我女儿所在幼儿园的推荐书。作为精神科医生的我一贯主张亲肤育儿和撒娇对孩子很重要、反抗是孩子自立的信号等观点，而书中的观点与我不谋而合，这令我十分震惊。

"明桥大二快乐家庭育儿"实际上是基于平井信义的观点与我的临床经验而诞生的，这么说也毫不过分。

然后，到了1998年，又有一本重量级图书出版。那就是佐佐木正美写的《关注孩子的目光》。读了这本书后，我才重新认识到满足孩子需求的重要性，有足够的依赖才能走向自立等，这

些又与我的临床经验十分一致，震惊的同时，我拥有了开始写书的勇气。

　　还有一本很重要的书——高垣忠一郎写的《寻找心灵救生圈的方法》。高垣忠一郎在写这本书之前，通过给一些拒绝上学的孩子做心理辅导逐渐意识到"自我肯定感"的重要性，并反复强调了这一点。不知道是谁最开始将 self-esteem（自尊）译为"自我肯定感"，但高垣忠一郎无疑是最初强调"自我肯定感"，且为这个概念的普及作出了很大贡献的人物之一。

　　2000 年，美国出版了《西尔斯育儿经》（威廉·西尔斯、玛莎·西尔斯著）。该书迅速成了世界级的畅销书。与 40 年前的《斯波克育儿经》的主张完全不同，该书中述说了抱或背孩子以及母乳喂养的重要性。松田道雄与平井信义、佐佐木正美等人强调的也是日本传统的育儿法，可以说从此成了世界性的育儿标准。

日本也出版了各种优质的育儿书，但是都存在一个问题。比如我向那些拒绝上学的孩子的父母推荐育儿书的时候，不少父母都会说"看到一半就无聊得看不下去了"。

确实，一直以来，育儿书中过于强调"如何如何做对孩子的心灵成长很重要"，类似于"如果不怎样怎样孩子就会拒绝上学""如何如何育儿会产生家庭暴力"的描述亦不在少数。当然，与这些描述相符的案例也是有的，但是出现在孩子们身上的问题绝对不仅是因为这些。还有校园欺凌、与班主任的相处、与父母及其他的各种人际关系的影响等，将这些责任全都归咎于父母的育儿方法不仅是错误的，而且增加了已经为孩子烦恼不已的父母们的压力。

我认为今后的育儿书在传递正确知识的同时，也要给父母育儿的自信与勇气。这也许可以说是"明桥大二快乐家庭育儿"系列图书诞生的契机。

有人称本书为"新时代的育儿书"，可能是因为本书中用了很多漫画，但若仅仅就因为这一点，我还是对这种说法稍感遗憾。

因为本书中所写的绝非崭新的观点，倒不如说正因为有日本自古以来的育儿传统，才有了以上提及的那些优秀的育儿书。

6

为了孙辈的快乐成长③

感受不到
"自己在被珍惜着",
怎么会珍惜他人呢?

♣ 如何培养懂礼貌又守规矩的孩子

有一天，我在看电视的时候，电视中播放了一则有趣的广告。

为了培养出既遵守社会规则又懂礼貌的孩子，从孩童时期开始，孩子犯错了就严厉地批评，做得好就褒扬。然后电视屏幕上出现了"被珍惜着，这种感受哺育孩子的心灵"的字幕。

广告的主旨好像是在"孩子犯错要骂"这一点上，而我反倒觉得广告最后的"感受到自己被珍惜着，这种体验将使孩子的心灵成长"这则信息才是最重要的一点。

这则广告并不仅是主张呵斥孩子，还确实地表达了"让孩子拥有'被珍惜着'的心情是最重要的"这一点。这也是广告给我留下深刻印象的理由。

孩子觉得自己被珍惜着与孩子遵守礼仪与规则之间，有什么关系呢？只看到这里，恐怕读者们还是摸不着头脑的吧。

我一直认为日常生活中会有不遵守规则的大人，不是因为他们没有受到过严厉的呵斥，而是没有被培育出"我是重要的"这种自我意识。

♣ 孩子总是被训斥，会怎样呢？

前些日子，我和学校的老师有过一场谈话。有一个孩子在学校一不顺心，甚至会在课堂上旁若无人地大喊大叫，打骂同学。被提醒后，也完全不觉得是自己的错，反而将错误全部归咎于他人。对于这样的孩子，该怎么办才好呢？

孩子的母亲说孩子在家是很乖的好孩子。只是每每询问学校的班主任老师时，老师都会说："如果家里人好好管教、严厉责骂的话，孩子绝对不会这样。"但管教、严厉责骂完全没有效果，孩子的妈妈也十分着急。

这个孩子发展成这样肯定是有原因的。当我仔细询问孩子成长的环境时，才发现原来这孩子 5 岁前是跟奶奶住在一起的。奶奶本来就有些神经质，随着年龄增长变得更加敏感，孩子一有什么事，奶奶就歇斯底里地骂个没完。孩子的妈妈看不过去就劝婆婆说："他还是个孩子嘛！"可是婆婆不听："小时候就太娇惯孩子的话，以后更不得了了。"奶奶依然接着骂。孩子的妈妈忍无可忍，终于决定搬出来住。

那之后不久，孩子在幼儿园就开始变得暴躁。孩子的妈妈想起婆婆的话，怀疑是不是自己太过于宠溺孩子，便开始严格管教孩子。孩子非但没有收敛，上了小学后反而变本加厉。

我开导孩子的妈妈："孩子之所以在学校脾气暴躁、不听话，不是因为骂得少了，相反，是被骂得太过了。在家被批得太狠，便将怒气在学校发泄出来。"

所以，孩子在学校的问题行为目前就交给学校，妈妈近期就好好地与孩子沟通，倾听孩子的心声，充分使用亲肤育儿法。

　　然后，学校方面加强对孩子的关注，孩子干得好就表扬；一旦孩子失控，给周围的人带来了麻烦，就请别的老师来单独给他指导。耐心倾听孩子想法的同时，也要认真地告诉他，不能做的事就是不能做的。

　　这样过了三个月。

　　这期间，孩子的暴躁行为逐渐减少了，课堂上也能安静地坐在自己的位置上了。

　　之后我收到了班主任老师的反馈。

　　"昨天，这孩子第一次跟朋友说'对不起'了！这是从来没有过的！"

"自我肯定感"不足的孩子是绝对不会说"对不起"的。这样的孩子已经被逼到穷途末路了，他们的内心再也没有去承认自己错误的空间了。

　　只有自己得到了接纳、认同，才能学会承认自己的错误。

　　只有感觉到"自己是被珍惜的"，才能珍惜他人。只有发自内心地想要遵守社会规则，在给他人带来麻烦的时候，才能将"对不起"说出口。

♣ 为什么玩具会很快被弄坏？

有位从事幼儿教育的老师告诉我，在专门招收有心理压力的儿童的幼儿园里，孩子们用的物品会坏得非常快。

经常听家长说，现在的孩子不懂得珍惜物品。但这也许是孩子将自己不被珍惜的负面情绪发泄在物品上。

遭受暴力与无视而内心受伤的孩子，对他人也会如此吧。因为孩子亲眼看到人也是可以被恶劣对待的。被大人当撒气包的孩子，也会拿别人撒气。因为他学到怒气是可以拿别人来发泄的。

相反地，感觉到自己被珍惜的孩子，即使不必苦口婆心地教导，也会珍惜他人。因为孩子全是跟大人学的。

为了让孩子学会守规矩、珍惜物品，大人学会珍惜孩子才是首要的。

前述的案例也同样深刻地体现了这一点。

7

"让孩子撒娇"与
"娇惯孩子"是不同的!

♣ "撒娇"是来自孩子的重要信息

在孩子心灵成长方面，"撒娇"有着十分重要的意义。

经常有人说，育儿最重要的是父母的爱，应该没有人不同意这一点吧。但是，为了将父母的爱传递给孩子，有必要了解孩子需要父母疼爱时的行为表现，那就是"撒娇"。

实际上，对从不撒娇的孩子来说，想要把爱传递给他们是很不容易的。即使跟他们说："来抱抱……"他们也会立马拒绝说："不要，讨厌！"这样的孩子不容易感受到来自外界的爱。所以爱与撒娇就像鸟的两只翅膀缺一不可，重视爱的同时，也需要关注孩子的撒娇。

当大人接受孩子的撒娇时，孩子就会觉得安心，这样可以培养孩子对他人的信赖感。自己的撒娇被接受，是因为自己有被爱的价值，如此孩子就会形成自我肯定感。

不擅长撒娇的孩子

妈妈也来摆吧！

一起摆

孩子转身

嗯？

讨厌！

讨厌！！

妈妈抱抱你吧！

哭闹

哭闹

这孩子
不会撒娇，
一点不可爱……

温馨提示

对于不擅长撒娇的孩子，家长不应该觉得"是这孩子自己不需要撒娇"，实际上只是孩子不擅长撒娇罢了。家长应该按照孩子的具体情况，坚持尝试一些方法让孩子学会撒娇。

57

♣ 让孩子撒娇撒个够

到处都有人说孩子不可以撒娇。

为什么会产生这样的误解呢？一个很大的原因是人们不明白"让孩子撒娇"与"娇惯孩子"的区别。

"让孩子撒娇"与"娇惯孩子"是不一样的。让孩子撒娇，尽可让孩子撒个够，而"娇惯孩子"是不可以的。

那么两者的区别在哪呢？

"让孩子撒娇"是回应孩子情感上的需求。当孩子说"抱抱"就给他抱抱，孩子需要倾听的时候就耐心地听孩子说话，或者孩子哇哇大哭的时候哄孩子，这些是"让孩子撒娇"所必需的。而且这些无论如何也不会变成"娇惯孩子"。

那么"娇惯"又是什么呢？娇惯不是满足孩子精神上的需要，而是对孩子物质上的需求唯命是从。当孩子说"给我糖果""我要玩具""给我钱"等，对于孩子这些物质上的要求，如果孩子要什么大人就给的话，就会成为娇惯孩子。**所以，应该积极回应孩子精神上的需要，尽量控制孩子的物质需求。**

但是这一点在当今世界反过来了。大人平时也忙，不能关心孩子，不能很好地回应孩子精神上的需要，为了弥补这一点，就利用节假日带孩子去购物，只要孩子喜欢的东西就买个够。

这样会培养出什么样的孩子呢？这样做的话，孩子就会用物质来填补内心的寂寞。用食物排遣，收集昂贵的卡片，偷窃，偷父母的钱，这些情况大多出于内心的空虚寂寞。

大人有时也会这样，更何况孩子，所以更需要认真地回应孩子情绪上的需要。

另外，"让孩子撒娇"是在那些孩子自己无法做到，需要大人帮助的情况下向孩子伸出援手。这很重要，也很必要。与此相对，"娇惯"是指对于孩子力所能及的事情，大人仍然出手帮孩子，不让孩子自食其力，这也可以说是一种"过度干涉"。

孩子自己能做的事就让孩子自己做，别怕孩子失败，随着孩子年龄的增长，渐渐放手让孩子做更多的事。但是对于孩子能力以外的事情，大人的帮助是很重要的。

因此，"满足孩子精神上的需要""在孩子无能为力的事情上帮助孩子""让孩子撒娇"是很重要，也是很必要的。

娇惯

①孩子要什么就给他买什么

我要吃糖

给我买玩具

②明明自己可以做的事，大人却插手，不让孩子做

疼爱

①接受孩子精神上的需求

读书给我听

听我说嘛

抱抱

②帮助孩子做他实在不会做的事

疼爱 ①回应孩子的心情

疼爱 ②在孩子无能为力的事情上帮助孩子

8

安全感十足的
孩子才能自立

经常听到有人说："现在的孩子越来越奇怪了，没有礼貌，没有恒心……"对于这一点，也许那些接受了传统教育的祖父母们的感觉更加深刻吧。

如今的生活发生了许多的变化，确实更加方便。可是，我认为孩子的本性依然与以前的孩子一样，没有发生任何改变。

♣ 离不开父母的孩子越来越多

在 NHK（日本放送协会）播出的《和妈妈一起》的节目中，那位做体操的哥哥曾很受欢迎。读了佐藤弘道写的《孩子一点也不坏》这本书后，我切实地感受到这一点。书中有一章题为"定点观察 15 万名孩子后的感想——我的'孩子论'"。

使我惊讶的是，这位体操小哥在 12 年间总共观察了 15 万名孩子，并且他对那些孩子的状态描述与我在诊所、学校、儿童中心见到的孩子们一模一样。

佐藤弘道这样写道：

近藤（近藤康弘、原 NHK 制片人）曾说："虽然现在的孩子所处的环境发生了巨大的变化，但是两三岁的孩子基本上与以前差别不大

（中略）。"虽说如此，在《和妈妈一起》的节目录制现场，"打折扣"的现象却与日俱增。

"打折扣"是佐藤先生用来称那些来摄影棚却离不开妈妈，无法跟体操小哥玩在一起的孩子。以前也会有这样的孩子，但不是经常有，听说每次都会有三个人或五个人来这，他们光在旁边看着，而不参与其中。

专业的体操小哥当然有许多吸引孩子注意力以及让孩子离开妈妈的技巧。但是即便如此，还是会有怎么也离不开妈妈的孩子，并且那样的孩子越来越多了。

到底为什么会这样呢？

"孩子能够离开父母玩耍是因为拥有一种父母一直在关注着自己的信赖感。即使离开父母一会儿，也会担心父母去哪了的孩子当然会变得更加离不开父母了。我强烈地感受到这种父母与孩子之间的信赖关系在逐渐变得脆弱。"佐藤弘道说。

♣ 安全感能够培养孩子的"生存能力"

即使强调父母与孩子之间的信赖关系，但并不是说父母 24 小时都要跟孩子待在一起。怎么也会有些不得不外出工作的爸爸、妈妈吧。那样的话，在回家的时候，"作业做了吗？""房间收拾好了吗？"不要这样连珠炮一样地问个没完。父母首先应该跟孩子说："抱歉，爸爸妈妈回来晚了！"然后亲亲孩子、抱抱孩子。

经常听到有人问，该怎样让孩子学会自立？

我一直都是这样回答的：自立之基是主动性，主动性的根源在于安全感，孩子的安全感是从充分的撒娇、疼爱中得到的。

经常撒娇，得到了充分的安全感的孩子，就会有"我自己来做"的积极主动性，然后逐渐走向自立。

不撒娇的孩子无法自立，撒娇的孩子才能自立。在可以尽情撒娇的孩童时代尽情撒娇了的孩子便可以自立。

"让孩子在 10 岁前尽情地撒娇。那样的话，孩子的内心会产生安全感，便会成长得更好"。

这种安全感，滋养着孩子的心灵，让孩子的内心更强大，逐渐演变成"生存能力"。

以前

安全感

现在

这世上有会一直疼爱着我的人。

太好了！

主动性 ——→ 自立

妈妈一直在关注着我，加油！

我要加油了！

9

即使会花费些时间，
也让孩子亲自尝试吧！
什么是"无言的修行"呢？

♣ "等待指令的人增加"的理由

据说，最近企业里等待指令的人增加了。没有上司的指令就不行动的人，他们无法自己动脑子采取行动，有人说这是自主性教育的弊端。但是我的观点跟这种说法正相反。

孩子之所以会这样，很多时候的理由很明显。那就是，孩子从小就被命令做这做那，有大人的命令才可以行动，孩子也老实地顺从那些命令。

如果孩子不听大人的话，就会被呵斥——"别说话，小孩子只要闭嘴听大人讲就行了！""看见没有，不听话的话就会变成那样！"如此将孩子的自主判断否定了，孩子听命令行事的倾向就更强了。

这样下去的话，孩子就会认为反正自己的想法会被否定，即使自己动脑筋思考也是失败的，思考也是没用的。然后，与其自己进行这些无用的思考，不如只听大人的话更轻松，又不会受打击。长此以往，孩子就放弃了自己开动脑筋思考的主动性。孩子在这种状态下度过青春期，就算成人后被人提醒"用你自己的脑子想！"也还是会感到迷茫不知所措，在某种意义上，这也可以说是理所当然的吧！

由于日本少子化的趋势，现在孩子的人数和大人的人数与以前的数据相比是倒过来了，所以现在对一个孩子来说的压力比以前大大增加。现在是父母、爷爷奶奶、外公外婆，六个大人专注于一个孩子的时代。一个家庭里，孩子与大人相比，不管是在人数还是能力上，都无法跟大人抗衡，在大人面前，一个孩子能够反抗的力量不过尔尔。一被大人命令"干这个！""做那个！"孩子就只能立马举白旗投降，对大人们言听计从了。孩子长大后成了无法自己思考的人，这也许是孩子静静地报复吧。

从这个意义上可以说，那些无论大人怎么苦口婆心都不听话的孩子反而意外地成长得更加健全。

× 只凭命令、指示行事……

73

♣ 耐心地按孩子的节奏来

那么，如何能让孩子重拾自主性呢？

如果确实给了孩子太多的指示和命令，那么做和从前相反的事就好了。平井信义说过"无言修行"。父母正式地告诉孩子："从今以后，我不多嘴、不插手你的事情，你自己的事情自己做吧。"然后说话算话，切实地付诸行动，不插嘴，不插手。这样做的话，起初孩子会摸不着头脑，父母忍着闭口不言也很辛苦。

在这个过程中，孩子一直以来做着的事也不做了，家长反而更加会想在孩子旁边叮嘱几句。但想起自己说过的话，又不得不忍耐着沉默下去。这对于父母来说是非常辛苦的，因为需要忍耐，所以被称为"修行"。

然后，在父母不插嘴的过程中，孩子就会渐渐形成自己的判断。即使孩子的判断失败，花费了时间，但是孩子在这个过程中经历了学习的过程，慢慢就会做得更好。

这时期孩子的表情也会比以前更加富有生机与活力。**即使常常失败，但是孩子通过独立思考，亲自动手会变得更加自信。我觉得这才是真正的"生存能力"。**

○ 放手让孩子去做，即使耗费时间也要让孩子自己动手。

75

10

孩子经过多次
哭泣才能长大，
请接纳孩子哭闹时的情绪

♣ 你有"不让孩子哭"吗?

我之前写过,孩子一哭就得抱,不能将孩子放在一边,任由孩子哭泣。

但是,那并不是说不能让孩子哭。孩子生来就是要哭的生物,而且孩子的哭泣是很重要的。孩子通过哭泣表达自己的需求、发泄负面情绪。孩子哭是在练习表达自己的意愿与感情。

并且,孩子通过哭泣,逐渐学会使用语言后,就会用自己的语言来表达自己的要求,将自己的心情语言化。

"孩子想要人陪而大声哭泣——抱抱孩子,安抚孩子的情绪——孩子觉得安心便停止了哭泣。"

这个过程如此往复,孩子一想要人陪就立马得到安抚,逐渐形成这种安全感后,孩子便慢慢学会忍耐寂寞了。

孙子一哭,祖父母就心疼起来了,不自觉地就念叨着"让孩子哭得这么厉害……""看着心疼。"但是,这样的言语相当于否定孩子的哭泣,如此一来,孩子的父母便不会让孩子在祖父母面前哭了,孩子心里的负面情绪就会越堆越多。所以对于孩子的这种发泄性的哭泣,就让孩子自然地哭出来吧。

× 『不让孩子哭』就是否定了孩子的感情。

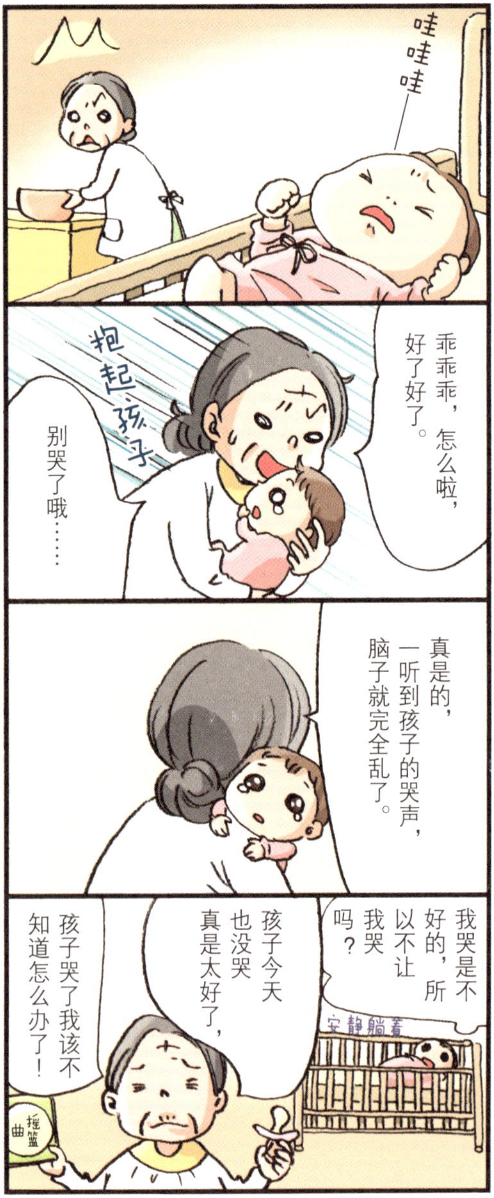

○「哭出来吧」，接受孩子哭泣的心情。

79

♣ 如何让孩子带着满脸的笑容去上幼儿园呢?

另外,孩子哭也是对自己心情的表达。以前有位妈妈读了我的快乐家庭育儿系列的书后,给我写了这样一封信。

四月份,我三岁的儿子开始上幼儿园了。不出所料,孩子一到幼儿园还没开始玩就大哭起来。孩子在家挺活泼,也没有说不要去幼儿园,所以我就没有过于纠结这件事。大概第五天的早上,孩子自己说:"我今天会在幼儿园哭哦!"然后我便回应说"没关系的,哭个够吧""宝宝也很孤单吧",我试着把孩子的心情用语言表达出来。从那天起,孩子虽然眼里还是含着泪花,但是出门时也愿意挥手跟我说拜拜了。一周后,孩子开始满脸笑容地跟我说拜拜了。我开始觉得轻松点了,体谅、接纳孩子的情绪,就是最好的方法。

这封信中,非常完美地描述了孩子通过哭泣成长的过程。

一开始,孩子离开妈妈去上幼儿园后觉得非常孤单,就通过大声哭泣来发泄自己内心的悲伤和落寞。然后,对于孩子说"我今天会在幼儿园哭哦",这位妈妈回答"没关系的,哭个够吧",这样的回答肯定了孩子的哭泣。

而且，"宝宝也很孤单吧"，从这一句回答可以看出这位妈妈十分准确地把握了孩子的心情，并且将孩子的心情用语言描述出来。这样一来，孩子就会觉得妈妈懂自己孤单的心情，同时，妈妈并没有责备而是接纳了这样孤单的自己，原来自己这样也没什么不好。孩子就会觉得自己是被肯定了吧。

　　这样，孩子就增强了自信，变得想去幼儿园了。这也会成为孩子走向自立的积极动力。

♣ 孩子得到他人的理解，就会产生积极性

遇到上文那封信里说的情况，如果"不能让孩子哭"的观念先入为主，妈妈立刻跟孩子说"那就别去幼儿园了"，这样也许会抹杀孩子逐渐自立的机会。当孩子哭闹的时候，"别哭了，男孩子可不能哭！真不害臊！"如此否定孩子的哭泣，孩子就会失去自信，更加不想去幼儿园了。

人的一生中有许多不得不忍耐、不如意的事。为了让孩子学会克服那些困难，需要怎么做呢？

我们并不是要对孩子言听计从，孩子该做的事让他自己做，不该做的事就说不行，跟孩子解释，即使孩子努力的过程中有辛苦，也并不插手，而是一直坚持守护着，认真地接纳孩子的情绪。孩子需要的就是这种感同身受的理解。

妈妈，我不想去幼儿园！！

✕ 否定孩子的哭泣

真丢人！

不许哭！！

郁闷

原来我这样想是不行的！

✕ 一切按孩子的意愿来

不喜欢做就不做好了。

哦，原来不喜欢的事就可以不做了。

○ 理解孩子哭闹的心情，接受孩子的哭泣

哭出来也没关系哦！

宝贝你也很孤单吧。

我哭也可以啊！

11

为了孙辈的快乐成长⑧

教养孩子的方法——家长们要以身作则，不要用强制的指示与命令来管教孩子

♣ 每个家庭教养孩子的方法不尽相同

教养是什么呢？就是教孩子如何上厕所、穿衣服、打扫、刷牙、打招呼、吃饭的规矩……我觉得让孩子正确掌握这些常识，是非常重要的。比如吃饭的时候，我们会教孩子怎么正确地使用筷子。但是在外国，用餐不用筷子，而是用勺子和叉子。有的国家是直接用手抓，并没有规定吃饭必须如何。从这个层面来看，教养就是教给孩子自己国家的文化和生活方式，即使具体到每个家庭也都不一样，是因人而异的。

♣ 你有没有过度干涉孩子？

教养不是命令孩子"该……""你要这样做"。

有句话是"孩子跟着父母学"，这句话说的就是教养孩子的方法。重要的是大人要以身作则。那样，即使不用苦口婆心地劝导，孩子也会自然地学会讲礼貌。

如果家长想用嘴来管教孩子，不知不觉就会唠叨起来，那样孩子就会觉得无聊，产生抵抗心理。这样子恶性循环，家长反而会越说越多，最后便产生了无休止的责骂。如果只是批评，那还算不错的情况，但是当家长的情绪进一步恶化时，就会对孩子恶语相向了。

大人们嘴上说着"我这是在管教孩子"，可实际上，大多数情况下，这不过是大人为排遣自己内心的不安，而拿孩子撒气的过度干涉而已。

虽说这是教养孩子，但这样做只会压迫孩子的心理，让孩子紧闭心门，对孩子的内心成长产生负面的影响。

× 父母将自己的不安强加给孩子，给孩子压力。

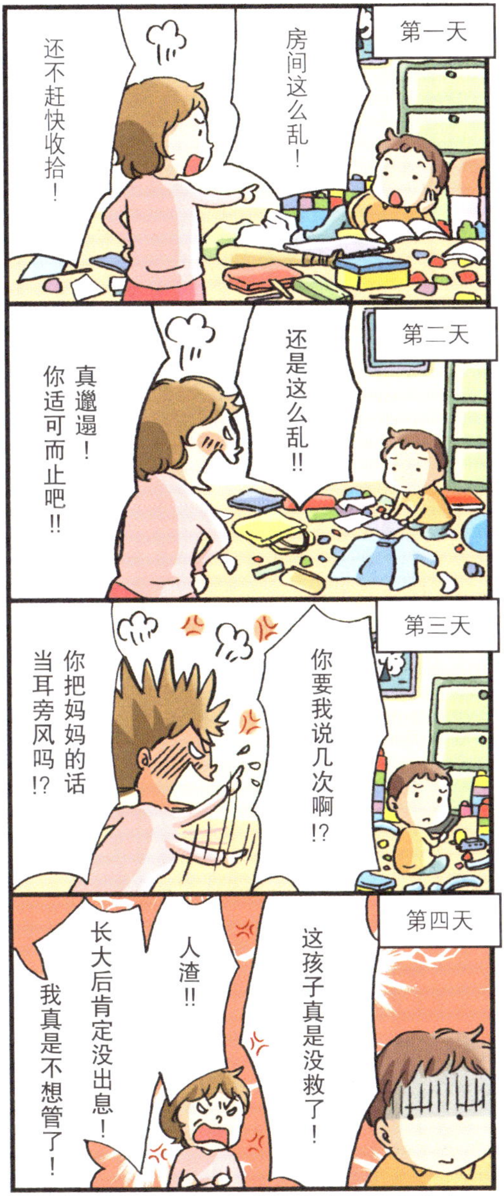

○ 不唠叨，大人以身作则。

哎呀，房间这么乱。

收拾

麻利麻利

吃完饭了。

收拾

麻利麻利

这本书是在书架上层的第三本！

整洁整洁

收拾

我也来整理吧！

温馨提示

大人就是孩子的一面镜子。

88

♣ 祖父母可以对孩子进行的教育

那么对于祖父母来说，该怎么教育孙辈呢？虽说孙辈的教养基本上都交给孩子的父母比较好，但是与孩子的父母一样，祖父母同样要以身作则。孩子在有意无意地注意着祖父母的一举一动，然后跟着学。看到勤快的奶奶，孩子也会喜欢做家务；有重视礼貌的祖父就会有懂礼貌的孙子、孙女。

孩子的父母管教得过多也会筋疲力尽。这个时候，作为祖父母就会自然而然劝导："还是个孩子嘛，这么骂可不行啊。"但是孩子的父母可能理解为这是自己的育儿方式被否定了，反而与祖父母的关系越来越僵化。因此，比起偏袒孙子，不如支持孩子父母的育儿方式，可以的话，再稍微帮忙做些家务，"你也不容易啊"，说些这样安慰的话。还可以说"可是这孩子带得很好啊""这孩子在同龄人中算很好的啦"，让父母知道自己养育的孩子还是很好的。这样一来，孩子的父母也许会稍稍放心，对孩子也就不那么苛刻了。

父母过度管教大多是这样……

沉默……

当妈的也很累啊……

又说过头了吧，太忙了，我好烦躁啊……说说孩子……

你也不容易啊，我来帮帮忙吧。

妈妈又笑起来啦！

耶！

谢谢婆婆！

○ 父母管教孩子筋疲力尽的时候，祖父母说些安慰的话。

91

♣ 应对"乖孩子"与"任性的孩子"的不同方法

就如前文所说，越是"不让人费心的乖孩子"，越需要更加细心的照料。无法任性的孩子也许是缺少心灵成长所必需的自主性，从而导致孩子"自我肯定感"降低。

这样的孩子与祖父母在一起时，就会逐渐对祖父母任性或抵抗起来。与其说是因为祖父母的宠爱，不如说是孩子将无法向父母发泄的情绪发泄到令他们感到安心的祖父母身上。所以，祖父母在接纳孩子任性和反抗的同时，也得告诉孩子"也要让你爸妈了解你的心情啊"。

相反，如果父母的放养式教育导致孩子任性、为所欲为，祖父母作为长辈，该说的要说，这种态度也很重要。虽说育儿基本上是父母的事，祖父母可能会担心要是管教孩子的话，会不会是越界了呢？但其实父母也许没有多余的精力面面俱到，这种时候需要耐心，不要在意孩子会不会立马就改过来，"吃东西时不把胳膊肘杵在桌子上不是更帅吗？""脱掉鞋子后把鞋子摆好不是看着更舒服吗？"等，如此耐心地教导孩子是很重要的。

另外，孩子犯错时，不仅父母要纠正孩子，祖父母或者亲近的大人都得告诉孩子，不该做的事就是不能做。这种态度对于孩子的成长有着重要的意义。

12

和孙子孙女一起玩吧！
游戏和讲故事是让孩子
了解人生的好机会

♣ 游戏带给孩子好奇心和梦想

现在的孩子都有游戏机及很多有趣的玩具，但经常有人说"真不知道让孩子玩什么才好"。

就连电视游戏最近也推出了可以活动身体的新款游戏。听孙子讲解游戏的玩法，祖父母也试玩一下的话，可能会出乎意料地觉得游戏很有趣。有些祖父母开始鼓起勇气接受游戏的挑战，更有一些祖父母开始和孙儿一起享受游戏的乐趣。

那么，孩子们会不会觉得传统玩具过时了，无趣了呢？不会的，从古至今孩子的内心是没有改变过的。令祖父母小时候激动的玩具和游戏，今天的小朋友们肯定也能抱着巨大的好奇心。

95

剑玉、陀螺、折纸、翻绳等传统游戏，手工、木工等传统技艺，围棋、象棋，院子里的家庭菜园……作为玩这些游戏的老手，当祖父母把这些游戏教给孩子时，孩子们的眼睛里是闪闪发光的。吃着爷爷种的蔬菜，有的人说这"治好了孩子讨厌吃蔬菜的毛病"。即使没有特意地教孩子，祖父母对自己的工作与爱好怀抱热情与活力的话，这份心情也能传递给孩子，让他们了解生活的丰富多彩。

充满活力的态度就可以传递人生的丰富多彩。

我还想鼓励祖父母们给孩子讲一些自己经历的故事。比如，爷爷在少年时代跟朋友爬树，建造秘密基地等，比其他任何故事都更能激发孩子的想象力。或者说说孩子父母儿时的英雄史。知道父母的另一面，会让孩子激动不已。不擅长讲经历的话，就讲"很久很久以前，有一个地方……"那些老掉牙的故事也没关系。

哇，原来是这样啊。

虽然现在建成了公寓，以前那是块空地，附近的孩子都在那玩。

哇！好厉害！！

每个人从家里把喜欢的东西拿过去。

真好玩啊！

我们还做了秘密基地哦。

我被学校叫过去几次呢。

你爸爸小的时候是个淘气包。

哈哈，真的啊！爸爸吗？

你爸爸在学校的操场上挖陷阱。

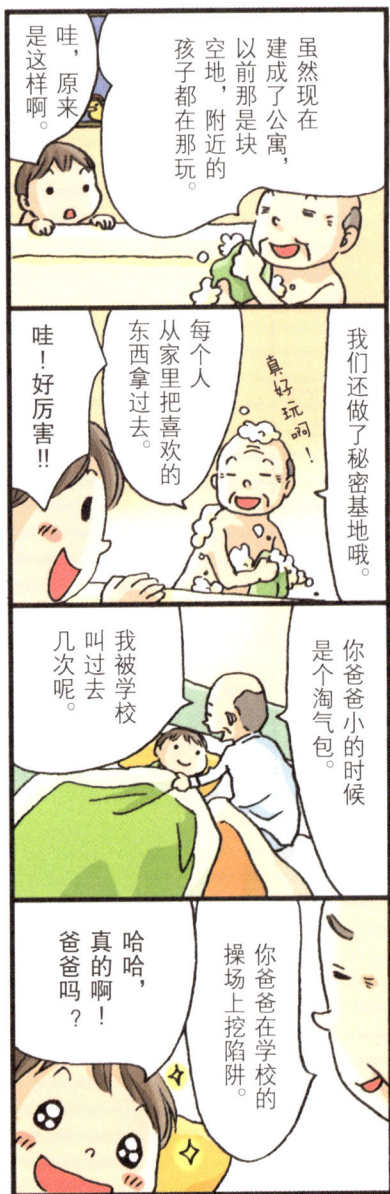

另外，给孩子读绘本也能培养孩子丰富的心灵。好的绘本是可以由父母传给儿子，儿子传给孙子的。以前，读给儿子听的绘本又原样地读给孙子的话，几代人之间可以共享想象同一个世界，能够加深几代人之间的情感联系。

♣ 给孩子读书能培养他们的想象力

孩子在听大人讲故事、读书时，虽然无法亲身经历书中的内容，但是通过聆听也能感同身受。这对稳定孩子的情绪大有帮助，也可以渐渐培养起孩子的自我肯定感。

另外，即使是图画类的儿童读物也会多少提及真实的人类世界，涉及悲伤、喜悦、愤怒、嫉妒、寂寞、得意、怀疑、快乐等各种情绪，孩子通过接触人类各种各样的情感可以开始了解他人的心情，从而关注自己的情绪。

还有另外一点，读书给孩子听能够培养孩子的想象力。"想象力"这个词说来简单，但这种将眼睛无法看见的东西图像化的能力，对于人类的生存是十分重要的。

"那个人虽然表面上很生气，心却在哭泣？""这个人虽然做了这么多坏事，但是他说不定经历了很痛苦的过去。"

从事创造性的工作需要创造出这个世界上不曾有过的东西，因此最关键的就是想象力。

"假设在踢足球，从这里进球的话……"这种想象力可以创造出决定性的机会。

安托万·圣埃克苏佩里（Antoine de Saint-Exupéry）的《小王子》中有句名言："最重要的东西是眼睛看不到的。"

重要的东西藏在事物的里面。

那并不是只在表面上可见的东西。如果只能看见眼睛看得到的东西，人生就太单调苦闷了。金钱、物质等，如果只认识到这些功利性的快乐，人生就太可怜了。

除了电视、游戏等提供的影像之外，不时地让想象力自由驰骋，描绘创造丰富的画面。这种机会难道不是对人生幸福很重要的东西吗？

希望大人们一定要告诉现在的孩子们，世界是如此的丰富多彩。

● 读书给孩子听有这么多的好处。

读书给孩子听，可以让孩子平静下来。

培养孩子的自我肯定感。

奶奶的声音好安详啊……

多站在他人的立场，就会理解他人的心情了。

你怎么啦？

没事的！

妈妈！

丰富想象力，世界变得无限宽广。

去旅行！

驾着那云，

掌握所有学科的基础——语文能力。

阅读能力
理解力
表达能力

尤其、特别

必须、应当

育儿新常识

小儿科医生

 吉崎达郎

孕吐现象 不是努力就可以克服的

孕吐现象的轻重程度因人而异，差别很大。孕吐严重的时候，有必要去医院进行治疗。

怀孕初期，孕妇可能会想"虽然孕吐很难受，但是还是想一如既往地做家务，工作也继续下去"，就这么忍耐着，但总有实在受不了的时候。那时，不知情的人可能会觉得你"在偷懒""真是随心所欲"，但是孕吐确实不是可以勉强忍受的。也有人尽管孕吐很辛苦，但还是没给周围的人添麻烦，自己挺过来了，这实在是很了不起。这种想法很伟大，但孕吐得太辛苦的时候可能是孩子在传递给你"不要太勉强"的信息。希望周围的人也能给予孕妇更多的支持。

妈妈别太勉强啦。

怀孕时，让我乖乖在家待着更好吗？

因为顾虑孕妇的身体，不时就会有人说"怀孕了就尽量不要外出，老实在家待着最好"。除非医生建议孕妇需要静养，否则"尽量待在家里"未必是合适的建议。**虽说怀孕了，但没有必要完全停止怀孕前的定期运动。**

另外，近来有很多产科诊所都在积极采用游泳、有氧运动等疗法。

需要注意的是，请避免过于激烈的运动，对抗性或有危险性的运动（柔道、排球、滑雪等）以及潜水。

剖宫产能保证母子安全，别责怪选择剖宫产的妈妈

有些孕妇选择剖宫产会产生自卑感，但我觉得这没有必要。剖宫产并不只是为了减少生产的痛苦，有时是在没有办法的情况下，为保证母子双方生命安全而不得已作出的选择，剖宫产也有剖宫产的痛苦。

虽然说生产的时候打了麻醉药，但是肚皮被剖开，是十分痛苦的，所以剖宫产绝对不是轻松的。希望周围的人都能体谅做母亲的辛苦。

没有必要感觉自卑，更不用觉得"不是顺产，就不能成为出色的母亲"。如何出色地教育孩子才更重要。

喂奶 不是每三小时一次，而是按照孩子的需求来

有人说"每三个小时给孩子喂一次奶"，但这种说法有断章取义之嫌。如果太拘泥于时间，哺乳后不到三小时孩子就饿哭了的话，母亲会担心母乳是不是不够，而给孩子喂奶粉。但是从建议母乳喂养的角度来看，只要孩子想吃奶的时候，就给孩子喂母乳比较好。

产后 2 ～ 3 天，乳房还没有分泌足够的乳汁，这时无需拘泥于时间，孩子想吃奶的时候就让孩子吸（哺乳），如此往复。

另外，这个时候，孩子吸母乳的方法也很重要，比如孩子的嘴能否吸住乳晕。有什么担心的就跟助产士商量，最好听取助产士一对一的建议。

主张让 **孩子趴着睡** 的做法已经过时了

英国、荷兰等国家在 1970 年后，突然很流行让孩子趴着睡。同时期，婴幼儿的突然死亡数量激增。因此，这些国家开始实行不要让孩子趴着睡的育儿指导，婴幼儿突然死亡数量也随之减少。

日本在 1988 ～ 1989 年期间，全国都很流行让孩子趴着睡。关于婴孩窒息死亡的报告也随之增加。近年，厚生劳动省发布了三点关于婴幼儿突然死亡症候群（SIDS）的预防措施，其中之一即有"若不是治疗需要，请让孩子仰着睡觉"这一条。推崇让孩子趴着睡觉的做法已经过时了。

孩子洗澡后给他喝凉开水 实际上是没有必要的

　　出生不久（孩子可以开始洗澡的时候）的孩子几乎不怎么出汗，所以没有必要让孩子洗澡后喝凉开水，**还是按往常一样喝母乳或奶粉就够了**。

　　特别是希望对孩子进行母乳喂养的人，我推荐按联合国儿童基金会与世界卫生组织在1989年的共同声明来进行——"除医学治疗的情况之外，最好不要给新生儿母乳以外的营养与水分"。

　　洗澡后给孩子喂水这件事，可以等孩子出汗之后再开始。

孩子夜间哭闹 是因为白天玩得过头了吗？

　　孩子夜间哭闹让人十分头疼。以为孩子终于睡着了，自己也准备睡觉的时候，孩子就会突然哭起来，好像装了高度感应器一样。想着也许一直抱着就好了吧，可是虽说是孩子，但是一直抱着也很累，父母筋疲力尽的时候，经常就和孩子一起睡着了。

　　孩子夜间哭闹的毛病即使治好了，一岁以后有时候又会严重起来。这时候，周围就会有人劝父母说："别让孩子白天玩得太过头了"，**但是我觉得让孩子白天活泼地玩耍是件好事**。从"调整生活规律"这一点来看，比起"该不该让孩子白天玩得过激"，更重要的是"早睡早起"。

为孩子断奶 准备果汁或汤是不必要的

我之前写的母子手册中，"产后 3 ～ 4 月"一栏里，有人问过"可以给孩子喝果汁或汤吗"，很多母亲认为一定得给孩子喝。

但是最近厚生劳动省在 2007 年发行的《哺乳、断奶指导》中表示"孩子断奶（5 ～ 6 个月）前，不要为了断奶而给孩子食用这些食物"。因为，这个时期的婴孩最需要母乳或婴儿奶粉中含有的蛋白质、脂肪、维生素、矿物质。如果让其他的东西填饱肚子，可能就无法充分吸收这些营养。

随着孩子逐渐摄入辅食，喂婴儿奶粉的次数可以适当减少，母乳还是和之前一样给孩子吃。

"孩子得用 专用勺子!" 父母们如此讲究的理由

以前孩子的断奶食物是由大人嚼碎后再喂到孩子嘴里，这可以说是爱的表现。但是最近，连公用筷子和勺子都嫌弃的父母增加了。

因为**父母们明白了导致虫牙的细菌可能会传染给孩子**。孩子口中本来并不存在虫牙菌。从乳齿开始生长的时候到两岁半之间，虫牙菌主要从父母的口中传入。所以，父母就变得有些过度紧张，但是其实不管是有益菌还是有害的细菌都会自然地传播。首先父母自己勤刷牙，尽量减少虫牙菌的产生才是关键。

另外，祖父母乐于看见孙子、孙女开心的笑脸，这种心情可以理解，但请不要给孩子吃很多巧克力等甜食。

孩子 **蛋类过敏**，但可以吃曲奇类的东西吗？

跟二、三十年前比，孩子食物过敏的人数增加了。小孩子（特别是三岁以下）很明显地对卵类、奶类、小麦过敏。随着孩子的成长，对鱼卵、花生米、水果、荞麦、甲壳类过敏的也会增加。

一提到蛋类过敏，可能有人会觉得只是蛋类，但是曲奇、蛋糕、面包等糕点中都含有鸡蛋。另外，别说是少量摄入，严重的时候，只是接触这些食物都会出现过敏症状。

所以喂孩子吃东西时，必须要十分注意食物过敏的问题。

高烧 不会给孩子的大脑留下后遗症

　　这数十年间关于发烧的研究十分盛行，这些研究表明，身体发烧是对细菌与病毒的防御反应。另外，发烧能够抑制细菌和病毒的活动。从这两点来看，发烧是对身体有益的。

　　但是，被高烧折磨的痛苦经历绝对不会让人往这些好的方面想。还有人会想"高烧会把脑子烧坏。我有个认识的人发高烧后脑子变得特别奇怪"。这种说法是因为不懂发烧的原理。

　　另外，说这话的人是因为不明白发烧症状与细菌性髓膜炎这种病的区别，这一点需要注意。

　　能够预防细菌性髓膜炎的不是"解热剂"，而是"预防接种"。孩子从生下来两个月后就要开始进行 HIB（b 型流感嗜血杆菌）和小儿肺炎球菌疫苗接种。

感冒 的时候不能洗澡吗？

"孩子出了特别多的汗，这两三天都没有给孩子洗澡"，这种情况下，大人肯定还是想给孩子清清爽爽地洗个澡吧。"但是，怕孩子又发烧……"肯定有些家长会存在这种顾虑吧。

感冒不会因为洗澡恶化。只要孩子愿意洗澡，并控制好洗澡时间（不要太长），就可以给孩子洗澡。

另外，在"感冒的话，出汗就好了！"这种观念的指导下，就有人把孩子用棉被里三层外三层地裹起来，但其实汗液是调节体温的道具，并没有让感冒快点好的作用。孩子觉得冷的话可以裹被子，但是孩子明明已经出了很多汗还被包得严严实实的话，绝不会对身体有益。

虽说孩子越早不用 尿不湿 越好，但是……

听说以前孩子一岁之前，很多人就不给孩子穿尿不湿了。但是想尽快不给孩子穿尿不湿的人，有时候会适得其反，反而很晚才能让孩子适应不穿尿不湿。孩子有自己适应的节奏，孩子无法适应大人，只能是大人适应孩子的步伐。不要勉强。

首先，**需要让孩子觉得"使用马桶或去厕所真舒服，真好！"**为此，孩子能不穿尿不湿的时候，父母要真心地为孩子的成长而高兴，表扬孩子。

有的孩子很早就不用尿不湿，也有很大了还在用尿不湿的孩子。周围的孩子都逐渐不用尿不湿的时候，尤其是父母会感觉到压力，这时祖父母需要耐心地照料。

学步车 不是让孩子尽快学会走路的工具，而是孩子的玩具

　　有人觉得学步车能够训练孩子走路。但是学步车只是一种让孩子开心的玩具（最近被称为 Baby walker），却无法让孩子尽快学会走路。

　　有调查结果表示，"越长时间使用学步车的孩子，会越慢学会独自走路"。**即使使用学步车，也无法让孩子尽快开始走路。**

　　为了能够让孩子早日学会自己走路，营造出充分让孩子爬、扶着走路的环境和不焦虑的照料才是关键。

只是"目光不要离开孩子",并不能 避免事故

　　孩子的死亡原因中,"意外事故"在 5 ～ 14 岁的孩子间最高,1 ～ 4 岁位列第二。[1]可以说事故比疾病更应该引起人们的注意。

　　即使不会发生特别大的事故,但哪个孩子在成长过程中完全没有遭遇过受伤或有惊无险的事故呢?父母尽职尽责、费尽心力地照看,但事故还是会在意想不到的时候发生。有些人会教训家长"就是因为父母照看不周""目光不能离开孩子!"话虽这么说,但是这些也并不能阻止事故的发生。**随着孩子的成长,误饮误食、窒息、烧伤、坠落等均为易发事故**。预先了解,排除事故易发的情况,营造好的环境是非常有必要的。祖父母迎接孙子孙女的到来时,一定要留心家里的环境。

---

① 根据 2010 年厚生劳动省的人口动态统计。

"伤口消毒""捆绑止血"之类的 处理 不对

压迫出血的伤口

　　孩子受伤了的话，以前一般的处理都是"马上消毒！"但是，那反而会延缓伤口的痊愈。不用消毒剂，用自来水将伤口冲洗干净后，用温润疗法（保湿）型的创可贴贴在伤口上，这样既不痛，又能使伤口尽快恢复。若伤口红肿，疼痛不止的话，请立即去医院治疗。

　　另外，对于严重出血的情况，以前有过立即将伤口附近捆紧的应急处理方式，但这样出血反而会越来越多，所以最近不再推荐这个方法。止血的基本原理是"压迫出血部位"。用毛巾或手帕等按住伤口后去医院就诊。

孩子 出鼻血 了，不要慌张

鼻血大多是从克氏静脉区，即鼻孔附近流出。**正确的止血方法是身体稍稍前倾，紧捏鼻翼压迫出血部位**（参照插图）。即使血经过鼻腔流入喉咙，也不要咽下，最好是吐出来。

以前有说法称"用手侧击打后颈可以止鼻血"，但我不觉得这样做会有效果。脸朝上的话，会被流进喉咙的血呛到。

另外，用纸巾塞住鼻孔的话，可以压迫出血部位（克氏动脉区），但是拿掉纸巾的时候会再次刺激克氏动脉区，鼻血有可能又会流出，所以尽量不要频繁换纸。将纸巾捏成细长圆头的形状后再塞进鼻子。

应该把这儿捏着！

请务必配置儿童 安全座椅

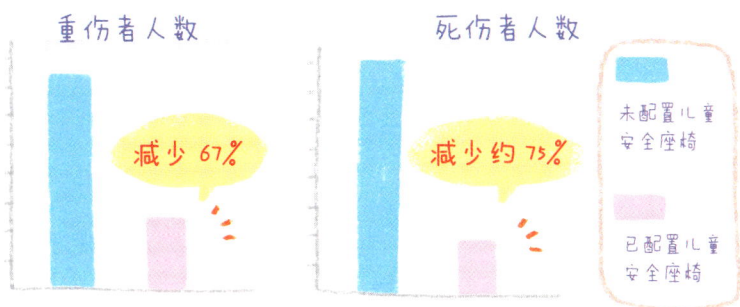

重伤者人数　　减少 67%

死伤者人数　　减少约 75%

未配置儿童安全座椅

已配置儿童安全座椅

　　"就是从产房把孩子带回来而已，没有必要用儿童安全座椅吧。""不太明白儿童安全座椅到底要用到孩子几岁？"有很多家长存在这样的疑虑。但是**在乘车事故发生时，安全座椅能把儿童死亡率降低约 75%，重伤率降低 67%。**

　　正确的配置方式应该是选择与孩子年龄体重相适应的座椅，且严格按操作说明书来使用。儿童安全座椅不应该安装在安全气囊的副驾驶座上，应该安装在后座，朝后安装的婴幼儿用座椅也是非常危险的。祖父母也要注意，让孙辈乘车的时候请务必安装儿童安全座椅。

奶奶，给您的礼物！

儿媳说孩子一岁后就把孩子寄放在幼儿园，然后出去工作。
父母不是应该把孩子带到三岁吗？

A.

近来，女性开始进入社会工作，并且活跃在企业、研究机构、司法界，甚至政治、航天等重要领域。另外，由于经济原因出去工作的女性也越来越多了。

结婚、生孩子，成为母亲后想着"一边带孩子，也要一边坚持继续工作"的妈妈不少。但是现实是现在产假和育儿假难批，无法复职等问题导致困难重重。

"孩子这么小妈妈就不在家陪着，太可怜了"，这种声音无疑是雪上加霜。

那么，经常有人主张"母亲应该专心在家带孩子到三岁"，这似乎成了一种规定，是不是真的呢？

1989 年的《厚生省白皮书》中提出："母亲应该专心带孩子，直到孩子三岁为止，否则会不利于孩子的成长，这种'三岁神话'的说法，至少是没有合理的根据的。"这一论断的出台引发了一阵热议。

孩子 0～3 岁间的脑发育确实很快，即使脑内不会储存记忆，但在这个时期，让孩子在充满爱的环境中长大是十分重要的（日本俗话说"三岁看老"，原理也是如此吧）。

但是，各种调查结果显示，不是说只有母亲才能带孩子到三岁，父亲、祖父母、保育员等都可以。

关于母亲工作是否会影响婴幼儿发育的调查，在日本、美国进行了两项相关研究，所有的结果都是一样，即，孩子的身心发育与母亲是否外出工作没有关系。

所以，如果孩子接受了优质的养育，另外父母工作回来时，适当地对孩子多点关心的话，父母外出工作就不会影响育儿。

育儿，"质大于量"。单纯的长时间与孩子在一起并不一定是件好事。

一直以来卖力工作的女性，为了育儿，突然被限制在自己与孩子之间的狭隘空间，如果育儿的过程中的陷入不安的话，跟孩子分开一段时间，反而会增加与孩子相处时的幸福感。即使是很短暂的时间，但这对母亲和孩子来说，是无法替代的宝贵时间。

所以，祖父母不必担心孩子母亲外出工作这一点，有些母亲希望育儿与工作能够两全，所以请给予她们更多的支持。并且，事先商量好关于家务如何分配（小家庭的话，就是夫妻之间），这一点很重要。

有人说，"孩子这么小就寄放在幼儿园，孩子太可怜了"。当然，这种说法自以为是在为孩子考虑，但是孩子怎么样是可怜，怎么样是不可怜，最了解的人是孩子的妈妈。

连这一点都不理解的人，没有说"孩子太可怜了"这话的资格。

父母过得更加充实，才会让孩子更加幸福。

127

孩子妈动不动就责骂孩子，做祖父母的很担心，
不时会劝劝别骂得太狠了，但没有作用。

Ⓐ.

这真是为孩子担心的慈祥的祖母啊。

因为孩子妈骂孩子太凶，所以劝导孩子的妈妈。我十分理解这位奶奶的心情，但是，这样的举动，说不定会起反作用。

如果真的是骂孩子骂得很凶的母亲的话，大半是因为母亲对孩子的要求很高。这样的母亲对自己也有着很高的要求。

自己不依靠别人，比别人花费多几倍的努力去解决问题，可是为什么自己的孩子不能也像自己一样呢？一这样想就会火冒三丈。也许这样的母亲心里会在想，孩子办不到不就是说明自己的育儿方式有问题吗？

在这种时候，祖父母如果劝说"对孩子更加温柔点！""别这么骂了！"孩子的妈妈就会觉得好像是自己的育儿方式被否定了一样，反而更加火大了。那么这份火气该向谁发泄呢？自然是让父母丢脸的孩子。

结果，母亲就会骂得更凶，从而陷入恶性循环。

在这种情况下，也许这样的母亲会想：明明自己这么努力育儿了，没有得到任何人的表扬不说，孩子这么差的状态还能得到别人的容忍，一举一动都能得到表扬，这太奇怪了！

所以，这种场合下，首先得对孩子母亲骂孩子的管教方式视而不见。这不是说要袒护孩子，而是需要首先认同孩子母亲为养育孩子作出的努力。不管是什么样的母亲，不为孩子努力的母亲是不存在的，首先一定要肯定孩子母亲的这一点。不要说"光这么骂的话，孩子不是很可怜吗"，要先给予母亲肯定："现在，越来越多的母亲即使孩子犯错也不批评孩子，但你还是一直认真地面对孩子的错误。真的很用心啊！"

不会有人不喜欢表扬的，这样母亲也会松一口气，心里放松些。这样一来，"我也在想自己是不是有点凶过头了，可是……"母亲也许便会这样说出自己的心里话吧。这个时候，祖父母跟孩子的母亲说："也是孩子的年纪还小，还不懂事呢！"孩子的妈妈也许就会比较容易接受。在此基础上，再说这些话来开导母亲："孩子不听话，你的压力也越来越大了吧，我觉得你在这期间真的是做得很好啊！"

凶孩子的父母自己也是一直被骂的人。要让这样的人能够表扬孩子，首先孩子的父母本人必须得到身边人的认同，需要得到表扬。

〇『你也在很用心啊』，从认同孩子母亲开始。

你为带孩子一直以来真是很努力啊，辛苦你啦。

无意识地就骂起孩子来了。虽然明白这样不好……

是啊，是啊我理解的。我以前也是这样啊。但是我觉得你真的做得很好呢！

啊呣呣没有啊回事这哈哈啦

欸——烫到没有？没事吧？

× 『孩子很可怜啊』，这样劝更加会陷入恶性循环。

唠唠叨叨地说教

孩子他妈又发火了……

骂过头的话，孩子就太可怜了。你是不是有点骂得太凶了啊！

我还是孩子的时候，可是个乖乖听父母话的孩子。孩子不乖批评一下不是理所当然的吗？为什么这么宠这个孩子？

妈妈乖乖

我无法容忍！

无休止地说教

儿子和媳妇有了新房子，想让我过去一起住。我觉得不住在一起双方相处比较轻松，但是为了孙子还是住在一起比较好。

A.

　　祖父母的存在对于孩子的成长来说是非常重要的。祖父母在家悠然地注视着孩子的成长，这种注视对于孩子来说是十分重要的。但是相反的，如果祖父母跟孩子父母的关系僵化，那么这种关系可能就会影响到孩子。所以，关键的是相处方式，以及与孩子父母之间的关系。

　　处理好与孩子父母的关系中最重要的就是包容双方不同的价值观。每个人都有不同的思考方式。如果过于纠结，将之问题化的话，双方之间的关系自然就会越来越不顺畅。"我们以前都是这么做的！""这个年代还有谁这么想啊！"如此各持己见，僵持不下的话，双方的关系就会产生裂痕。

　　不仅如此，珍惜共同拥有的东西也是十分重要的。虽然双方的想法有很多的不同，但是为孩子着想、重视家人的心情，无论是孩子的父母还是孩子的祖父母应该都是一样的。发现这一点，将感谢之心传递给对方的话，孩子也会学到这种体贴与感恩的心态吧。

不管是一起住还是分开住，最重要的是那种"心心相印""相互支持"的心态。

要求对方一定要按自己的想法来的话，关系会僵化。

发现对方的优点，相互感谢。

一给孙子买玩具，就会被孩子爸爸妈妈批评。给孙子买玩具是我们做爷爷、奶奶的为数不多的乐趣啊，这真的不好吗？

A.

有人说，现在一个孩子可以花六个人的钱包，就是孩子的父母以及爷爷奶奶、外公外婆。

孩子的妈妈即使当时不给孩子买玩具（比如游戏软件等等），可不知什么时候就会发现孩子已经有了想要的礼物，一问"这东西怎么来的"，孩子说爷爷给买的。孩子妈妈跑去质问爷爷："为什么给孩子买东西？"爷爷回答："好不容易给孩子买点东西，孩子想要嘛！""就算孩子说想要，就可以什么都给他买吗？"不经意间火药桶就要爆发了，但这时候爷爷奶奶们往往想到平时都是妈妈带孩子，便把火气憋在心里，不再争论。

我经常接到这样的一些咨询，这种情况继续下去，会给孩子的父母带来很大的压力。他们很苦恼这时该怎么办才好。

首先，还是希望孩子的祖父母尊重孩子父母的育儿方式。孩子的父母既然已经说了不行，那么一被孩子央求，就轻易地买给孩子的话，这当然会产生矛盾。

但是作为祖父母，被可爱的孙子央求，因为想让孙子高兴不经意间就……这种心情我十分理解。所以，当孙子说想要什么东西的时候，先跟他说"还是跟你爸妈说吧"，这样做比较好。如果孩子的父母对孩子有每个月的限额，那就需要考虑给孩子买多少，或者考虑要不要在特别的日子当作礼物送给孩子等。

哇~

看到孩子的笑脸，
心都要融化了呢……

不超过限度
还是可以的！

理解

女儿带孩子的时候，老是念叨"我小时候最讨厌被怎样怎样，那时候真希望……"每件事都要跟我抱怨。

A.

被女儿或儿子抱怨的话，哪个做父母的心里都不会好受吧。父母们可能会想："我明明这么辛辛苦苦地把你拉扯大……"但是，这位女儿也许只是现在自己身为人母后，重新反思了一下自己父母的育儿方法和自己的成长经历。

我的一位读者在读后感中说道："读这本书本来是想学习如何帮助自己育儿的，可是读着读着，就会想起自己小时候父母是怎么带我的了。"所以，女儿这么说，绝对不是话里有话，而是育儿中的很多父母都会有的心情。

事到如今，儿女们述说自己孩童时候不好的回忆，应该是想着自己在育儿过程中也有忽略孩子心情的地方，绝非仅仅是对父母的抱怨。父母如何拼命地养育孩子，女儿肯定也已经体会到了。只是在当时，谁也没有关注"培育心灵"到底是什么，也没有人教过那是什么。其中，可能有些自以为对孩子好才说或者做的事，结果却给孩子留下了不好的回忆。

从这个意义上来说，现在，有很多关于"如何培育孩子的心灵"方面的信息。其中，女儿做了各种各样的努力，又反思自己的经历努力培养孩子，我觉得这绝对是没有错的。

不认真面对孩童时代受的伤、讨厌的事，就给予肯定的话，自己为人父母后，应该也会对自己的孩子作出同样的事情吧。这样的话，会造成波及孙辈的恶性连锁反应。

也许这时候你心里会火冒三丈，为了你可爱的外孙子，退一步跟女儿说出道歉的话："过去是我让你不高兴了""真是对不住了"，就能够治愈女儿的心，也能够不让外孙子再受这样的痛苦了吧。

○ 肯定女儿，别让外孙子再受同样的苦。

你一发表自己的意见，你肯定会生气！

这样啊……那真是抱歉啊。没有好好地倾听你的意见。

不说『对不起』的话，您就绝不原谅我。就因为这么点事就把我赶出家门，真是太不讲道理了！

确实如此啊，虽然妈妈为了带你已经费尽心力，可是妈妈还是错了。

妈妈您这么说，我心里多年的疙瘩总算解开了。

我现在有自信努力养育孩子了。谢谢您！

妈妈是这么想的哦，你怎么想呢？

我有不同的想法！

138

孩子已经三岁了，儿媳妇还在给孩子喂母乳。一直这样下去的话，会对孙子的成长不好吧？

A.

以前是"孩子过了一岁就断奶"，我之前写的母子手册中也写到这一点，所以我十分理解这位祖母的心情。只是现在不是"断奶"，而是大多数人想等孩子自然结束对母乳的依赖，这种情况称为"自然离乳"。所以，孩子一直吃奶吃到四岁是很常见的。有些国家，甚至六岁的孩子还在吃奶。只要孩子活泼地玩耍，乖乖地吃主食，体重也逐渐增加的话，就没有什么好担心的。

另外，乳房，不仅仅是对孩子的身体，对孩子的心理也很重要。被母亲抱在怀里吸奶的话，孩子就会感觉十分安心。满足孩子这种精神上的需要，无论如何都不会是溺爱孩子的表现。并且，孩子要吃奶，多数是因为感觉到了不安，所以，喂奶的同时，也增加了孩子跟母亲在一起的时间。父亲或祖父母多陪孩子玩耍的话，孩子玩得投入后，感兴趣的东西和能够活动的范围都增加了，自然就会离乳了。

相反地，漠视孩子的心情，强制地让孩子断奶，催促着孩子尽快自立的话，对孩子心灵的成长会有种种弊害。本来孩子能够自立的基础就是安全感。孩子感觉自己被守护，自己的节奏被尊重，才会安心，才能自立。

当然情况不同，也有不得不让孩子断奶的时候。那样的话，应该多用亲肤育儿法多跟孩子接触，满足孩子内心的需要。

此时，如果催促孩子"差不多行了吧？""快点学会……"的话，孩子就会越来越不安，"妈妈不疼我了""可不能失败"，这样会起反作用。或者孩子表面上好像能够自立了，但是也许是在勉强。

这样的话，有的孩子虽然在逐渐长大，可举止反而变回了"小婴儿"，需要寸步不离的照顾。

育儿，还是先打好基础最重要。什么事情都尽量配合孩子的节奏来，耐心地教导的话，肯定会把孩子培育得很好。

✕ 不宠爱孩子，孩子觉得不安的话……

还在给孩子喂奶啊！孩子都这么大了，差不多够了吧!?

只有小婴儿才吃奶哦！真不害臊!!这么宠孩子，孩子成了胆小鬼可怎么办!?

无视孩子的情绪，

不能再撒娇了……

哎呀哎呀，孩子总算断奶了……

不安

急于让孩子独立的话，对心灵成长有很多害处。

都怪奶奶！都是妈妈的错！啊啊啊哇啊啊你们最讨厌了!!

141

耐心地带孩子，孩子自然就会自立。

Q. 7

被女儿拜托照顾外孙子，高兴的同时也觉得很累。有时想拒绝，但不知道该怎么说才好。

A.

越来越多的孩子父母想让孩子的祖父母帮忙带孩子，这个问题中说的就是这种烦恼吧。

前些天，一位照看两个 3 ～ 4 岁可爱男孩的外祖母找我商量。

"我照看外孙子今天已经是第三天了，光带孩子就已经累得散架了。女儿好像觉得我什么都应该为外孙子做，我也老了，万一带孩子出个事故什么的……"

以前有句话是："即使哭着让客人留下来，但送客人走的时候还是高兴。"这句话说的是主人款待客人，让他们一定要留下来住一晚。谢绝主人的挽留是很重要，但是客人也需要知道主人张罗的不易。即使主人哭着让客人留下来是出于真心实意，但是一旦客人真的留下来了，在准备饭菜、入浴、被褥、客人回去后的收拾和打扫琐事中，那份高兴也会淡化，只剩下疲惫了。

这种事情最近也不时地发生在孩子的祖父母家里。孙子是真的可爱，可即使是年轻夫妇，整天围着孩子转也是很辛苦的。对祖父母来说更是需要相当的精力和体力，祖父母的体力吃得消吗？从女儿的角度来看，女儿也许觉得让外祖母带孩子，外祖母也会高兴，自己也能够依靠外祖母。可是我觉得孩子的外祖母有必要正式地告诉自己女儿不能一直这样下去。

比如，孩子1～2岁的时候，是最难带的，所以可以说，"你实在没有办法的时候，我才帮你看着孩子。我年纪也大了，再帮你照顾一天孩子也是精疲力竭了"。等到了孩子4～5岁的时候说，"一晚上的话，孩子还能帮你看看"。孩子上了小学，"暑假来住个两三天吧"就得这样。

当然，也需要根据祖父母与孙子的具体情况而定。重点是，不能仅仅因为"带孩子累死人了"就拒绝，必须先让孩子的爸妈知道"我很爱孙子，你们辛苦的时候我也想帮帮忙"，先将这种心情让孩子的父母知道后，再跟他们说自己的现状。

145

孙子被诊断为亚斯伯格症候群，小学时进了特别援助班。
亚斯伯格症候群等"发展障碍"到底是什么呢？

A.

一言以蔽之，发展障碍就是天生能力不均衡的孩子。不管哪个孩子都有优点和缺陷，这之间的差值比常人大的，就被称作发展障碍。据说每十个孩子中就会有一个发展障碍的孩子。现在，这成了教育与福利事业中最大的课题。

发展障碍主要有亚斯伯格症候群、ADHD（小儿多动症）、学习障碍三种。其中，亚斯伯格症候群表现为不擅长交流，有以下特征：

◆很难与人正常交流

幼儿时期大多时候一个人玩耍。小学时，在学校也是相应地只和朋友有交际。无法体会他人的心情，所以经常出口伤人；不会察言观色，经常给周围的人带来麻烦。这样到了青春期，在人群中就会很惹眼。

◆不擅长表达自己的心情

说话吞吞吐吐。纠结于细节。

语文课上，不擅长揣酌课本中出场人物的心理，很难将自己的感想写进作文。读后感类的作文，只会写读物的大概。

◆过于拘泥于一件事物

收集东西、拘泥于顺序，每天必须做同样的事。

◆过于敏感

对于一些声音（救护车的声音、警报声等）反应强烈，无法辨读反差强烈的东西（比如写在白纸上的黑字）。必须为孩子多花费些功夫，比如戴耳塞、将字写在颜色较浅的纸上弱化反差等。

从这些特征来看，孩子会有些非常规或以自我为中心的举动，但那些绝对不是"任性"或者性格有问题，也不是父母育儿的责任，而是亚斯伯格症候群的特征引起的。

另一方面，有报告称患有亚斯伯格症候群的孩子同时也有很多优秀的潜质。

①超人的记忆力；

②在一些特定领域拥有丰富的知识；

③多擅长数学或科学；

④逻辑性强；

⑤处理模式化工作速度很快。

据说实际上世界上的天才和伟人，大多是这种类型。

与患有发展障碍的孩子接触时，最重要的是，不要引起"二次障碍"。二次障碍就是，孩子天生的特性不被周围理解，被责怪"不要纠结于这种事情""真任性""真不听话""又在偷懒"等，孩子受到如此反复的责骂、欺凌，这个过程中心灵受到的二次伤害。

正因为如此，越早发现孩子的发展障碍倾向越好。

对于"障碍"，有人悲观地认为治不好了，这种想法被称为"发展障碍的发展"。一般的孩子是在 4 ～ 5 岁开始学会察言观色，而亚斯伯格症候群的孩子，在 9 ～ 10 岁才会通过自己的记忆和经验完成个体发育，掌握这项本领。

孩子在集体生活中会引起很多矛盾，但是"治疗发展障碍的不是医生，而是治疗性教育"，随着孩子年龄逐渐增长，可以渐渐让孩子减少对人际关系的拘泥。在家里，早睡早起、适度运动、均衡膳食等，注意让孩子保持健康的生活习惯也很重要。

为了弥补孩子的缺陷，发扬孩子的优点，有必要对孩子进行单独的辅导，即所谓的特别援助教育。援助班级就是将以前的特殊班级表象化，可能很多人会有些抵抗心理，但这种班级的要点是根据孩子的特性来进行教育，并不是意味着孩子有某方面的缺陷。

所以，你的孙子接受了早期诊断，学校也能够为他提供适合的教育，我觉得这一点是非常好的。对于一件事情，孩子干得好的话就大力地表扬，不能完成的时候就默默帮助孩子。家长们需要如此长久而耐心地守护孩子。

六岁的孙子说："讨厌妈妈，奶奶最好了。"孩子他妈受到了不小的打击。我也不知道该如何劝解才好。

A.

这种情况，从祖母的立场来看确实十分为难啊。

这个年纪的孩子，被称作中间反抗期，中间反抗期在第一反抗期（2～3岁）与第二反抗期（青春期）之间，在这个时期的孩子特别容易跟人顶嘴。

对于父母来说，"我说往东孩子偏往西"，是最让人恼火的。但是从孩子的发育来看，这是孩子自我主张发育健全的证明。从这个角度看，我觉得您的孙子成长得很好，不需要大家的担心。

"讨厌妈妈，奶奶最好了"，明明自己这么拼命地养育孩子，反而费力不讨好，居然被孩子这么说，作为母亲可能确实会十分失望。

那么，说这话的孩子是真的不想要妈妈了吗？绝对不是的。

比如，受虐待的小孩决不会说这样的话。即使被打被骂，也会依然袒护父母，"最喜欢妈妈了""妈妈是好人"。

这样说是因为不希望被父母弃之不顾，拼命地想要得到父母的爱。

被打被骂应该是很痛苦的。但是，即使如此，孩子依然不会说"讨厌"，因为孩子担心，一旦真的那样说，会真的被弃之不顾、被抛弃，这样的孩子拥有很强烈的恐惧感。

反过来说，**能够说出"讨厌妈妈"的孩子，是因为知道即使这么说，妈妈也决不会不管自己，是因为拥有这种安全感。**

这是母子之间拥有基本的信赖关系的证明。

说这话的孩子实际上比谁都依赖母亲，是真心地喜欢母亲的孩子。

被孩子这么说，父母会想："给孩子换个更好的妈妈，是不是会让这孩子更加幸福呢"，可是孩子想要的并不是更能干、更优秀的妈妈。

即使总是发怒，但那样的母亲也是自己无法替代的母亲，世界上唯一的母亲。孩子想要的是这样的母亲。

"奶奶更好"，孩子说这话是不喜欢母亲总是发火，孩子想要的是母亲对自己更加温柔。

所以，即使被这么说了，作为母亲也没有必要丧失自信。相反地，应该对自己与孩子之间的关系更加有自信才是。

然而，孩子不喜欢容易发火的母亲是事实。所以为了改善这一点，祖父母要给孩子的妈妈提供一些帮助。

跟孩子的妈妈说："家务做完后，好好地陪孩子玩玩吧。"让她知道"孩子说那样的话，其实是真的喜欢妈妈"。

"也是啊，很害怕妈妈吧。来，来奶奶这儿！"希望祖父母千万不要这样将孩子拉到自己身边。

孩子说『讨厌妈妈』，是需要被更加温柔对待的信号。

什么？

妈妈动不动就发脾气，真讨厌。

还是奶奶好！

孩子能那么说，说明实际上是很喜欢妈妈的。

我是个失败的母亲……

做完家里的事后就好好陪孩子玩玩吧！

别担心，没关系。

谢谢……

还是最喜欢妈妈了！

呼呼

哼嗯

你太会看人说话啦！

154

孙子好像是左撇子。在我们那时候，周围的人都说"要矫正过来"，就让他这样没关系吗？

A.

孩子扔玩具、扔东西时用左手的话，大人们就会注意孩子是不是左撇子。据说大概在孩子三岁左右才能确定孩子习惯用哪只手。

以前，大家都对左撇子特别看待，想要尽量矫正。祖父母都是那个年代过来的，所以总会有些在意。以前确实有很多工具是专为右手设计的，左撇子使用起来不方便，所以矫正在一定意义上也有着不得已的原因。

但是现在，已经有很多为左撇子设计的工具，让左撇子感到不便的地方也正在减少。在欧美国家，惯用左手的人比日本更多，也许是因为这样，左撇子用的工具发展得很早，也不怎么给孩子矫正。日本最近关于要不要矫正孩子用左手的讨论，也是看父母的想法，没有必要勉强加以矫正。

所以，如果父母觉得没有必要特意矫正的话，我觉得就没有必要强制地给孩子矫正了。有很多靠左手生活的人，比如在打棒球等的时候，左击球员、左投手反而更物以稀为贵呢。

如果实在是担心的话，就让孩子学会使用双手也行。不论如何，打算开始面对这个问题的话，在孩子能听懂话的年纪就一点点教比较好。

用哪只手是孩子的自由，孩子会选择自己更擅长的那只手。周围的人如果过于勉强，一定要让孩子改正过来的话，有时候会对孩子造成心理上的压力。

尊重孩子的选择，并且如果周围的人也多给孩子一些支持和鼓励，就太感谢了！

儿子、儿媳是个体户，经常工作到深夜，每天早上也是晚起。所以，孙子的早饭、接送孙子去幼儿园等照顾孙子的事都是我们老两口来做。我们担心这样会不会对孩子不好?

A.

你的孙子能够每天充满活力地去上幼儿园，真是爷爷奶奶的功劳啊。你的儿子儿媳也很努力工作，即使是现在经济这么不景气的时候，也在想尽一切办法养家。

只是，像这位提问者述说的这种情况，孩子的父母明明在身边，却将孩子的一切交给祖父母，这确实有点让人担心。

孩子不跟父母相处的话，有时会觉得自己没有被爱的价值。即使别人对孩子倾注再多的爱，可是父母明明在身边却完全不管自己的话，也实在无法填补孩子寂寞的心情。另外，一直让祖父母代劳看孩子也是不可能的吧。

本书一开始就写过，祖父母最重要的作用是辅助孩子的父母。这并不是说要代替孩子父母来养育孙子，而是辅助孩子的父母带孩子。绝对不要过于干涉，完全包办带孙子的一切事务。尊重作为育儿主要责任人的父母，客观地看待，在需要帮忙的时候适当给予帮助。

从这位提问者的情况来看，接送孩子去幼儿园及照顾孩子的三餐等，结果慢慢地就承包了照顾孙子的一切事务。只要是还能指望着祖父母，那么不管怎么抱怨，孩子爸妈的行为也不会有所改变的吧。如果再继续说这件事，双方的关系恶化，可能还会演变成吵架。那样多少会影响孩子的心情，所以希望无论如何还是避免这种局面的发生吧。

作为父母，为了家庭在拼命地工作。有时是为了改善家庭经济状况不得不这样，这一点能够十分理解，应该劝慰他们。

同时，养育孩子不管怎么说都应该是孩子父母该做的事。即使做恶人，也要跟孩子的父母说："我们也老了，不可能一直有这样的精力和体力带下去。从今往后希望原则上孩子你们自己带。如果实在是没有办法的时候，跟我们说的话，我们一定会帮忙。"然后把孩子交给其父母，这样是很有必要的吧。只有这样，孩子的父母才能多跟孩子接触，孩子与父母之间的情感联系才会重新缔结起来。

把孩子父母应该做的事全部揽在身上。

只在需要帮忙的时候帮忙，孩子父母应该做的事让他们自己做。

Q.12

上小学二年级的孙子，最近不愿意去学校了。很担心他就这么"厌学"了。是不是我们对他的教育方法有问题啊？

A.

　　孙子不愿意去学校的话，做祖父母的真是太烦恼了。对于祖父母来说，与朋友之间最主要的话题就是夸耀自己的孙子。但是，孙子不愿意去学校的话，就不能跟朋友们开心地聊孙子的事了。即使说起了孙子的状况，朋友却自顾自地说什么"这绝对是太溺爱他了才会这样""真是过度保护这孩子了"，慢慢地都不想跟朋友见面了。结果，连祖父母也成了家里蹲，实在让人遗憾。

　　但是，孩子不愿意去学校是由很多种原因引起的。1992年，文部省（现在的文部科学省）发表声明："任何孩子都有可能变得不想去学校。"无论对孩子进行怎样完美的教育，孩子都有可能不愿意去学校。所以，这份声明也指出"孩子变得不愿意去学校，是由于父母的教育方式有问题"是一种片面的错误认识。

那么，该怎么办呢？作为父母肯定会很烦恼，会去咨询机构等地方进行咨询，听取专家的意见，该怎么跟孩子接触。首先，遵从专家的意见。根据具体情况来应对，孩子的祖父母可以亲自去咨询机构，咨询如何应对这种情况。

然后，笃定地守护在孩子身边是很重要的。孩子不愿意去学校应该不会是偷懒，首先得相信孩子不愿意去学校是有不得已的苦衷。

也许正因为是祖父母，才能够用如此宽容的心态对待这种情况。孩子的父母有责任在身，学校的老师不管怎么说也都希望孩子赶快重回学校，不知不觉地铆足了劲。这种情况下，不管去不去学校，孩子的成绩好还是不好，能够站在"重要的是生命，健康比什么都重要"的立场上对待孩子的，也许可以说正是孩子的祖父母了。

小说《西方魔女之死》（梨木香步著）中，奶奶对不想去学校的孙女说了这样一番话。

即使想要寻找自己能够轻松快乐地活着的地方，也不必觉得内疚……比起夏威夷，北极熊更愿意生活在北极，但是有谁会责备北极熊呢。

也有些孩子会在学校过得很轻松吧。但是，也有无论如何都无法适应学校生活的孩子。连学校都无法适应，将来怎么在社会上生存呢？家长这种担忧的心情，我能够理解。但是，如今的这种学校制度从开始到现在，顶多140年左右。那之前，孩子不去学校也活下来了，现在，世界上有很多即使不去学校，不在公司上班，也照样活着的人。

日本的研究机构针对中学三年级时退学的孩子，调查了他们五年后的状况。

调查报告显示，77%的孩子在上学，或是参加了工作。绝非所有这样的孩子都无法融入社会。

并不是说没必要上学，但是，从另一个方面来看，学校也绝对不是冒着生命危险都非去不可的地方。

所以，无论如何请相信你的孙子，温柔地守护在他身边。

孙子经常说他头痛、肚子痛。因为家里总在吵架，医生说"会不会是精神压力大引起的症状"，往后要怎么办才好呢？

A.

　　我接触过一些患有身心疾病的孩子，他们中也有过这样的情况。问过孩子的家庭情况后得知，家里人争吵不断，打架也是家常便饭。这种压抑的气氛在不知不觉间就影响了孩子，在孩子心里不断累积。

　　但是在那个病例中，孩子出现这些症状，家人之间才第一次开始互相沟通，逐渐和解了。

　　问题解决后，孩子的妈妈说了这样的一句话。

　　"真是多亏了这孩子。这孩子没有出现这些症状的话，我们都没有意识到自己也是一样的难受。"

　　因为出现病症的是孩子，所以大家都紧张了。为了孩子这个共同的目标，大人就不闹脾气，齐心协力起来了。

那么，家里为什么会发生这些改变呢？

因为大家没有把这孩子的症状当作是孩子的任性、撒娇、不懂忍耐等。他们没有责怪这个孩子，而是认为这孩子出现这些症状是不得已的，是因为环境太差，所以家里人想着家庭氛围发生改变的话，会对孩子更好，于是便真的付诸行动改变了。

如果大人们认为一切都是孩子的错的话，这孩子也不会恢复健康了吧，家人们也会持续着痛苦的状态。

孩子能够治愈家里所有人的痛苦，拥有很大的力量。孩子的力量能够改变家庭。

能否引导出孩子的这种力量，就像这个案例一样，关键在于是否把孩子出现的症状当作家庭的问题去看待，并用心去解决。

育儿支援中心的咨询员说："请先表扬孩子母亲的育儿方式。"我也为带孙子费了不少力啊，为什么只表扬孩子他妈呢？

A.

我时常收到来自祖父母这样的疑问。这在某种意义上，是个很理所当然的问题。为什么会出现这样的疑问，我觉得是这位育儿支援中心的咨询员没有说到点子上，没有说出最关键的东西。

那最关键的到底是什么呢？

我经常说，为了能够让孩子的母亲表扬孩子，孩子的母亲须先得到周围的认可。在育儿支援现场，很多人认同这话。但是这种时候，孩子的祖父母也是一样的。

现在的祖父母真的是很帮忙带孙子孙女啊——接送孩子去幼儿园，准备饭食，即使是休息日，如果孩子的父母有事或者是年长的孙子孙女有事要陪伴，也常常把年幼的孙子交给祖父母照顾。

但是渐渐地，不知不觉地，我们就会觉得孩子祖父母所做的这些都成了理所当然的了。

祖父母原本并不是育儿的主体，将自己的孩子拉扯大，为了社会，为了孩子辛苦了一辈子后，本来应该过着悠然自得的老年生活。但是，想着为了孙子孙女，还是坚持着照顾他们。

如今的祖父母，即使再年轻，还有精力，但也绝对比不过二十多岁时的体力。为了带孩子，体力不足，腰酸腿疼也坚持着。

当然，鼓励带孩子的父母，安慰他们很重要。但是，对于如此努力地照顾孙子的祖父母们，不是更应该首先致以感谢与慰藉吗？

"婆婆 / 妈妈，您一直帮忙照看孩子，真是谢谢了！""公公 / 爸爸，您辛苦了！"如此表达自己的感谢之情。"孙子、外孙能长得这么好，真是祖父母（外公外婆）的功劳啊！"这样的话，祖父母和外公外婆也会欣然地回答："孩子明天还让我来带怎么样？因为这也是我们的孙子 / 外孙嘛。"

孩子也好，大人也好，祖父母也好，互相认可，互相表达感谢之情，在受伤或痛苦的时候互相支持，这样做的话，才能让孩子健康成长。

结　语

2011 年末，我朋友的一个团队几次去日本大地震的灾区进行支援。最近一次带过去的是刚打捞上来的冰见县寒鰤——是一条 10 千克的超大寒鰤。

到达灾区后，朋友把鱼在当地人面前麻利地剔骨了。

这时候，现场有个小学生样子的少年突然说：

"我爷爷剔鱼更拿手。"

人家好心好意带着大鱼来，小朋友居然说这样的话，也太不可爱了……朋友这样想着便上前询问：

"啊，是吗？那你的爷爷现在在哪儿呐？"

此时，少年回答道：

"爷爷，被海浪冲走了。"

这让人再一次痛感这片灾区所受灾害之甚。

但是与此同时，这位能够熟练地解剖鱼的爷爷，比任何一个战队（指动画片里的超人战队）的英雄都更高大地活在这个孩子的心里。

即使爷爷已经被海浪冲走了，但不管这孩子今后会遇到怎样的苦难，爷爷都会一直激励着这个孩子吧。

对于孙子来说，祖父母肯定就是这样的存在吧。与孩子保持着一定的距离，在略微有点远的地方引导着孩子，并成为孩子的榜样。

在写这本书的时候，我也回想起自己的祖父母。

特别是我的祖母，她经常来我家。她每次来都会带我去散步，给我讲以前的事。

我最喜欢的祖母。我现在一边怀念着已经不在这个世界上的祖母，一边怀着感谢的心情祈愿，今后我也能成为那样的祖父。